LOOM MAGIQUE

Extrême

25 créations
spectaculaires à réaliser

John McCann, Becky Thomas, Monica Sweeney

une division de
www.groupemodus.com

Publié par Presses Aventure, une division de
Les Publications Modus Vivendi inc.
55, rue Jean-Talon Ouest, 2ᵉ étage,
Montréal, Québec H2R 2W8
CANADA
www.groupemodus.com

**Publié pour la première fois en version française en 2014 par Carrousel éditions©,
une marque de MLP, sous le titre *Loom Magic – 25 créations Extrêmes.***
118, avenue Achille-Peretti CS-70024
92521 Neuilly-sur-Seine Cedex

**Publié pour la première fois en version originale anglaise par Sky Pony Press®,
une marque déposée et enregistrée de Skyhorse Publishing, Inc.®, New York,
sous le titre *Loom Magic – Xtreme!***
307 West 36th Street, 11th Floor, New York, NY
10018, U.S.A.

Éditeur de la version canadienne : Marc Alain
Auteurs : John McCanne, Becky Thomas et Monica Sweeney
Traduction : Isabelle Meschi et Magali Laroudie (Carrousel/MLP)
Réalisation : Philippe Brunet
Adaptation canadienne : Mireille Lévesque

ISBN : 978-2-89751-072-5

Dépôt légal : Bibliothèque et Archives nationales du Québec, 2014
Dépôt légal : Bibliothèque et Archives Canada, 2014

Nous reconnaissons l'aide financière du gouvernement du Canada par l'entremise du Fonds du livre
du Canada pour nos activités d'édition.

Gouvernement du Québec – Programme de crédit d'impôt pour l'édition de livres – Gestion SODEC.

Imprimé au Canada.

TABLE DES MATIÈRES

ReMeRCieMeNTS

Nous souhaitons remercier notre formidable éditrice, Kelsie Besaw, pour son soutien indéfectible dans toutes nos entreprises. Merci à Bill Wolfsthal, Tony Lyons et Linda Biagi d'avoir rendu ce projet possible. Un grand merci à tout le personnel de la maison d'édition Skyhorse qui continue à faire du très bon travail sur cette série. Et nous adressons un formidable merci à Allan Penn et Holly Schmidt pour leur collaboration créative et leurs conseils tout au long du projet.

Merci à tous les visages souriants de ce livre : Lucy Bartlett, Katelyn Clarke, Quisi Cohen, Morgan Glovsky, Alex Johnson, Jax et Nick Kordes, Charlotte et Griffin Penn, Raya Smith et Ella Stanwood.

Un merci particulier à Nick Kordes pour avoir contribué à la conception originale de la «Main de squelette fluorescente».

Lexique

Crochet : Le crochet est l'ustensile blanc cassé et en forme de crochet livré dans l'emballage de la plupart des métiers disponibles en magasin. Il sert à retirer les élastiques en caoutchouc de leurs picots.

Mini métier : Fourni avec ton métier, c'est un tube en plastique bleu en T. Il permet de créer des chaînes comme la maille queue de poisson sans utiliser de grand métier. Pour faire cette maille, les élastiques superposés sont déplacés à l'aide du crochet et toujours placés dans le creux central. Sors la chaîne de la fente en la déplaçant vers le côté pour qu'elle ne reste pas à l'intérieur du tube.

Clip-C : C'est un petit clip transparent en forme de C utilisé pour maintenir les élastiques en caoutchouc ensemble. C'est souvent la dernière étape d'un projet. Il est parfois remplacé par des clips-S.

Élastique capuchon : Il agit comme un bouchon pour le dernier élastique et empêche les autres élastiques de sortir du picot.

Plier en deux : Quand tu dois utiliser un élastique capuchon, ça signifie que tu vas enrouler l'élastique (ou les élastiques) deux fois sur un picot.

Plier en trois : Comme pour l'élastique capuchon plié en deux, mais avec un tour de plus.

Aligne bien ton métier : Quand toutes les colonnes sont placées uniformément, aucun picot n'est décalé en avant ou en arrière.

Décalage : Quand les colonnes ne sont pas alignées. Par exemple, lorsque les colonnes extérieures sont uniformément placées mais que la colonne centrale est décalée d'un picot vers toi.

Rabats ton projet : C'est la dernière étape avant de retirer ton projet du métier. Ça relie tes élastiques entre eux au lieu de les relier uniquement au métier.

Pour rabattre ton projet :

1. Pars du picot indiqué dans les instructions. En général, c'est le dernier ou avant-dernier picot de ton projet, ou le picot où tu as mis un capuchon.

2. Glisse ton crochet en plastique dans le creux au milieu du picot pour saisir l'élastique non rabattu du dessus sur le picot.

3. Puis, remonte l'élastique et décroche-le du picot en le faisant passer par-dessus les capuchons ou élastiques rabattus superposés au-dessus.

4. Attache l'élastique sur ton crochet au picot où l'autre bout du même élastique est attaché. S'il y a plus d'un élastique, rabats tous les élastiques sur un picot avant de passer au picot suivant.

5. Les picots sont généralement rabattus dans l'ordre inverse de la façon dont ils ont été posés, mais fais attention aux instructions particulières de chaque projet.

6. Après avoir fini de rabattre ton projet, il devrait rester quelques boucles non tissées sur le dernier picot du métier : tu devras les maintenir en nouant un élastique autour d'elles ou en utilisant un clip-C, ou ton projet se défera !

BOUCLES D'OREILLES

Cupidon n'aurait pas pu faire mieux! Incroyablement simples et très amusantes à faire, ces boucles en forme de cœur sont parfaites pour les offrir à tes amies ou accessoiriser tes tenues. Ces adorables boucles sont très chics pour la fille branchée qui sommeille en toi!

Niveau de difficulté : **Facile**

Tu auras besoin de :

1 métier • 1 crochet • 2 clips-C • 2 perles en forme de cœur • 2 boucles d'oreilles en forme d'« hameçon » • 18 élastiques

1. Aligne bien ton métier, flèche orientée vers le haut.

2. Dessine un petit pentagone : pose une ligne de deux élastiques le long de la rangée inférieure, de gauche à droite. Attache un élastique à chaque picot extérieur de la 1re rangée et relie-les au picot supérieur suivant. Attache un élastique à chaque picot extérieur de la 2e rangée et relie-les au picot central de la 3e rangée.

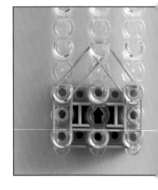

3. Attache un élastique au 2e picot central et relie-le au picot de droite. Glisse un élastique à travers une perle en forme de cœur, attache un bout de l'élastique au 1er picot central et relie-le au picot central du dessus.

4. Attache un élastique au picot central de la 2e rangée et relie-le au picot de gauche. Attache un autre élastique au 2e picot central et relie-le au picot du dessus.

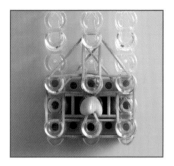

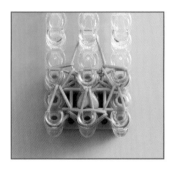

5. Plie un capuchon en trois et pose-le sur le picot central de la 2ᵉ rangée.

6. En partant du picot central de la 2ᵉ rangée, prends l'élastique en dessous de l'élastique plié en trois à l'aide du crochet et décroche-le du picot, en le rabattant sur lui-même. Après avoir rabattu le picot central, rabats le picot supérieur central, puis les deux picots extérieurs de la 2ᵉ rangée et de la 1ʳᵉ rangée.

7. Attache les élastiques non tissés du dernier picot avec un clip-C. Retire le projet du métier avec soin.

8. Pour attacher un crochet de boucle d'oreille au-dessus du pendentif en cœur, fais passer l'un des élastiques supérieurs du cœur ou le clip-C à travers la boucle métallique du crochet.

9. Répète l'opération pour le 2ᵉ pendentif.

10. Assortis tes boucles d'oreilles à une tenue amusante.

MAIN DE SQUELETTE FLUORESCENTE

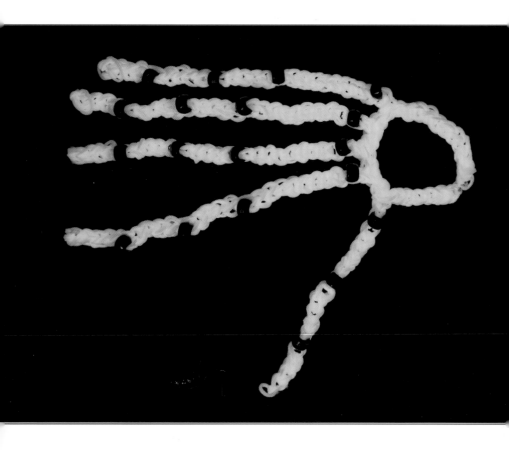

Montre ton talent avec ce superbe projet fluorescent! Cette main en élastiques s'enroule autour de ton poignet et de tes doigts pour imiter une main de squelette effrayante. Mais attends d'éteindre la lumière! Si ta main est plus petite, réduis le nombre d'élastiques pour les étapes 4, 6, 8 et 9 (doigts) et 17, 19 et 21 (pouce). Tout ce qui brille dans le noir doit d'abord absorber de la lumière. Alors, n'oublie pas de placer le projet dans un bain de lumière avant de le faire briller dans le noir.

Niveau de difficulté : Moyen

Tu auras besoin de :

1 métier • 1 crochet • 5 clips-C • 19 perles noires • 290 élastiques fluorescents

1. Pour commencer le projet, relie deux colonnes de ton métier pour obtenir une longue colonne.

2. Attache deux élastiques du 1er au 2e picot de la colonne.

3. Fais passer deux élastiques à travers une perle noire. Attache un bout de l'élastique obtenu au 2e picot et l'autre bout au 3e picot.

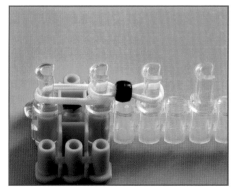

4. Attache deux élastiques sur les 3e et 4e picots, cette fois-ci, sans perle. Répète l'opération jusqu'à ce que

tu aies atteint le 11ᵉ picot (pour des mains plus petites, arrête-toi avant).

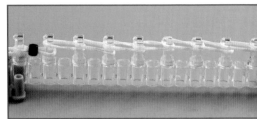

5. Fais passer deux élastiques à travers une autre perle noire et place-les sur les picots suivants (le 11ᵉ et le 12ᵉ).

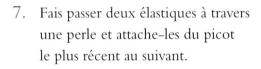

6. Continue à poser ta ligne de doubles élastiques sur les quatre picots suivants.

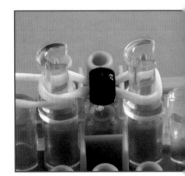

7. Fais passer deux élastiques à travers une perle et attache-les du picot le plus récent au suivant.

8. Pose ta ligne de doubles élastiques sur les quatre picots suivants, puis orne les deux élastiques suivants d'une perle avant de les poser sur les picots suivants.

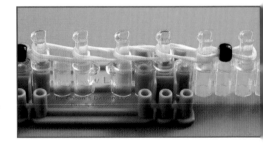

9. Continue à poser ta ligne de doubles élastiques jusqu'au bout du métier.

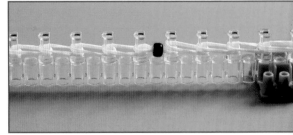

10. Plie un capuchon en deux sur le dernier picot.

11. Retourne ton métier, flèche orientée vers toi. En partant du picot au capuchon, commence à rabattre tes élastiques sur eux-mêmes. Rabats tous les élastiques jusqu'à ce que tu aies atteint l'autre bout du métier, où tu avais commencé à poser tes élastiques.

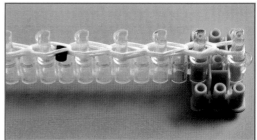

12. Une fois le bout du métier atteint, attache un clip-C. Il sert uniquement à maintenir le projet pendant que tu continues à travailler, mais sera enlevé quand tu relieras tous les doigts à la main.

13. Retire le projet du métier et mets-le de côté.

14. Répète les étapes 1 à 13 trois fois pour créer les doigts manquants.

15. Pour faire le pouce, l'opération ressemblera à celle des doigts, avec moins d'élastiques et juste trois perles noires.

16. Attache deux élastiques du 1er au 2e picot.

17. Fais passer deux élastiques à travers une perle noire et attache-les du 2e au 3e picot.

18. Pose une ligne de doubles élastiques sur les cinq picots suivants. Glisse une perle dans les deux élastiques suivants et pose-les. Pose des doubles élastiques sans perle sur les quatre picots suivants. Glisse les deux élastiques suivants dans une perle et pose-les. Pose une ligne de doubles élastiques sans perle sur les quatre picots suivants.

19. Plie un élastique capuchon en deux sur le dernier picot.

20. Retourne ton métier, flèche orientée vers toi. Avec ton crochet, rabats l'élastique sous le capuchon sur lui-même. Rabats tous les élastiques de cette façon jusqu'au bout du métier.

21. Attache un clip-C aux dernières boucles non tissées du métier, puis enlève ton pouce et mets-le de côté.

22. Pour faire le «poignet», ou bracelet, pose une ligne de doubles élastiques tout le long de ton métier (ou arrête-toi avant si ton poignet est plus petit).

23. Plie un capuchon en deux sur le dernier picot.

24. Pour assembler la main de squelette, tu devras relier le bout des «doigts» à différents picots dispersés sur le métier. Commence par le «pouce» et pose le bout orné d'une perle (qui était maintenu par un clip-C) sur le 3e picot en partant du capuchon.

25. Après le pouce, relie les «doigts» à un picot sur deux.

26. En partant du picot au capuchon, rabats tous les élastiques sur eux-mêmes en allant jusqu'au bout du métier.

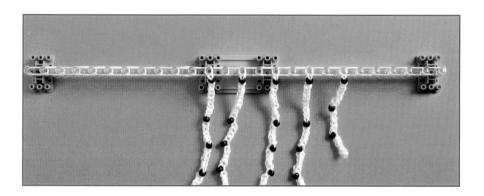

27. Relie un clip-C au dernier élastique et enlève tout du métier.

28. Termine le poignet en reliant les bouts ensemble, soit en les nouant avec un élastique supplémentaire, soit en reliant les deux bouts avec un clip-C.

BRACELET
À POMPONS

Ce bracelet tridimensionnel est un chef-d'œuvre élastique : une chaîne simple et quelques pompons suffiront. Suis notre exemple pour faire des pompons bicolores ou fais-les en une couleur. Utilise toutes les couleurs que tu as pour faire un bracelet multicolore délirant !

Niveau de difficulté : **Facile**

Tu auras besoin de :

1 métier • 4-5 clips-C • ciseaux • 112 élastiques en caoutchouc

1. Crée une chaîne en reliant huit élastiques ensemble comme indiqué, en alternant tes couleurs.

2. Enlève les picots centraux de ton métier. Étire ta chaîne sur le métier, comme sur la photo, afin qu'elle s'entrecroise au centre du métier.

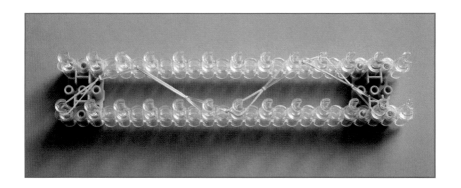

3. Prends deux élastiques et relie-les entre eux comme indiqué. Relie tous les élastiques restants, sauf huit d'entre eux, de la même façon (tu devras en nouer 96 pour obtenir un total de 48 élastiques noués).

4. Étire l'un des élastiques noués vers un angle du métier. Prends un autre élastique noué et étire-le vers l'angle opposé du métier, pour que les nœuds se chevauchent et forment un X.

Le nœud doit aussi chevaucher la chaîne d'élastiques qui servira de base à ton bracelet. Superpose un total de 12 élastiques noués de cette façon. Répète l'opération trois fois de plus en allant vers le bas du métier pour créer quatre pompons sur ton bracelet.

5. Prends un élastique et enroule-le autour du centre du X. Maintiens l'élastique avec un clip-C. Fais de même pour les trois autres X.

6. Prends un autre élastique et enroule-le autour du centre du X dans l'autre sens. Maintiens cet élastique avec

le même clip-C que tu as utilisé dans le 5. Fais de même
pour le reste des X.

7. Retire le bracelet du métier avec soin, en faisant attention
à ne pas faire sortir de boucles de tes pompons.

8. Utilise les ciseaux pour couper les boucles de tes pompons.
Ne coupe pas les élastiques qui maintiennent les pompons
ensemble !

SERRE-TÊTE ONDULÉ

Ne te contente pas d'accessoiriser tes tenues avec des bracelets et des colliers, fabrique aussi un serre-tête ! Ce bijou est si joli qu'il peut être porté avec tout. Avec une maille tressée simple, tu pourras transformer un serre-tête ordinaire en un accessoire vraiment spécial.

Niveau de difficulté : **Facile**

Tu auras besoin de :

1 métier • 1 mini métier • 1 crochet • 2 clips-C • 1 serre-tête simple • 50 élastiques (couleurs utilisées : bleu sarcelle, violet et rose)

1. Place ton métier, colonne centrale décalée d'un picot vers toi et flèche orientée vers le haut. En partant du picot central le plus près de toi, dessine un ovale. Dessine d'abord son côté droit, puis son côté gauche.

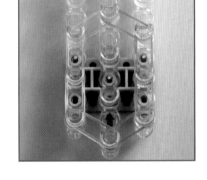

2. Reproduis ce motif tout au long du métier, en dessinant quatre ovales. Commence chaque nouvel ovale sur le picot central où tu as terminé le dernier et dessine le côté droit avant le gauche.

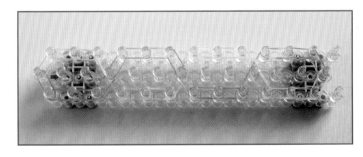

3. Plie un capuchon en trois sur le picot où tu as terminé ton dernier ovale.

4. En partant du picot au capuchon, saisis le 1ᵉʳ élastique en dessous de la triple boucle avec le crochet et décroche-le du picot pour le rabattre sur lui-même. Rabats toujours l'élastique du dessus en 1ᵉʳ, puis celui juste en dessous, jusqu'à ce que tu aies rabattu tous les élastiques du picot. Répète l'opération jusqu'à l'autre bout du métier.

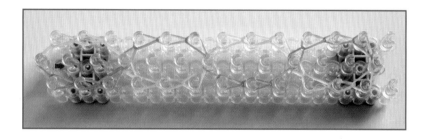

5. Après avoir rabattu tous les élastiques du métier, il te restera deux élastiques sur le dernier picot. Glisse-les sur ton crochet en plastique pour les maintenir, puis retire le reste du projet du métier.

6. Dessine de nouveau quatre ovales, comme dans l'étape 2. Au lieu de placer un capuchon sur le dernier picot comme dans l'étape 3, fais glisser les boucles de la maille terminée du crochet au picot.

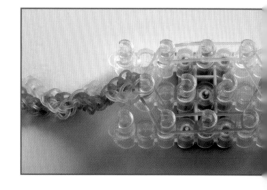

7. Rabats ton motif comme dans l'étape 4, en partant du picot où tu as attaché la maille terminée. Maintiens de nouveau les boucles non tissées à l'aide du crochet et retire la maille terminée du métier.

8. Dessine ton motif une dernière fois et superpose le bout non tissé de la maille terminée sur le dernier picot. Rabats ton projet. Maintiens les derniers élastiques non tissés avec un clip-C.

9. Avec ton métier ou mini métier, fais une chaîne simple d'élastiques assez longue pour recouvrir ton serre-tête.

10. Accroche le bout de ta chaîne au bout de l'autre maille en maintenant le tout avec le même clip-C. Avec le clip-C au bout du serre-tête, enroule un élastique autour du serre-tête et de la tresse élastique, juste au-dessus du clip.

11. De l'autre côté du serre-tête, glisse plusieurs élastiques pliés en deux sur le serre-tête, chacun espacé de 2,5 cm (1 po).

12. Glisse la chaîne simple à travers la 1re boucle de l'autre maille, puis à travers l'un des élastiques pliés en deux sur le serre-tête. Fais remonter la chaîne simple à travers la boucle

suivante de la maille. Ajuste le projet pour que l'endroit où la chaîne simple est maintenue au serre-tête soit recouvert par l'autre maille.

13. Continue à fixer les élastiques au serre-tête de cette façon, en glissant la chaîne simple à travers l'autre maille et sous les élastiques pliés en deux. Quand tu auras atteint l'autre bout du serre-tête, enroule un élastique fermement juste au-dessus du clip-C, comme tu l'as fait pour l'autre côté.

BRACELET PRÉNOM
(MiNi MÉTiER)

Écris ton nom en testant ton habileté à manier le mini métier avec ce superbe bracelet! Que tu écrives ton nom, celui d'un ami ou de ton équipe de sport préférée, ce superbe bracelet fera des jaloux!

Niveau de difficulté : **Facile**

Tu auras besoin de :

1 mini métier • 1 crochet • 1 clip-C • 2 perles décoratives • perles en forme de lettres • assez d'élastiques pour un bracelet

1. Attache un élastique au mini métier en formant un X.

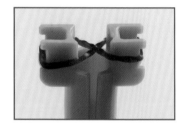

2. Attache un autre élastique au-dessus du 1er, sans le croiser.

3. Superpose un 3e élastique par-dessus les deux autres, sans le croiser.

4. Décroche l'élastique du bas, en utilisant ton crochet pour le retirer du picot. Place ses boucles au milieu du métier.

5. Superpose un autre élastique au-dessus des deux élastiques restants sur le métier.

6. Décroche l'élastique du bas du métier et place-le dans le creux. Répète cette étape, en passant la « queue » des boucles effectuées sur le côté du métier avec la fente. Continue jusqu'à obtenir quelques centimètres de bracelet.

7. Passe l'élastique suivant à travers une perle et place-le sur le mini métier comme d'habitude.

8. Fais passer l'élastique du bas dans le creux : tu peux garder la perle en place avec tes doigts jusqu'à ce que la maille soit finie et que l'élastique soit maintenu. Pose trois autres élastiques sans perle.

9. Glisse l'élastique suivant dans la 1re lettre du nom à écrire. Tourne la perle afin que le bas de la lettre soit dirigé vers le haut.

10. Avec ton élastique à perle en place, continue comme avant. Superpose un autre élastique sans perle au-dessus du métier et fais une maille habituelle. Refais-le deux fois de plus pour créer trois mailles sans perle au-dessus de ta perle.

11. Glisse un élastique dans la lettre suivante et pose-le sur le mini métier. Fais trois autres mailles sans perle. Continue jusqu'à la fin de ton mot ou nom.

12. Pose trois autres élastiques sans perle, puis glisse un élastique dans une perle et termine la maille.

13. Continue à superposer des élastiques au-dessus de la boucle et décroche-les en partant du bas jusqu'à obtenir une chaîne assez longue pour un bracelet.

14. Fais passer ton crochet à travers les deux élastiques sur le métier et retire-les.

15. Attache un clip-C aux deux derniers élastiques pour finir ton bracelet.

ANNEAUX RECOUVERTS

Égaie tes bijoux grâce à ces élégants anneaux ! Non seulement ils sont très jolis et amusants, mais ils sont aussi très faciles à faire. Pas besoin de métier pour ce projet, tu pourras donc ajouter un peu de style à tes boucles d'oreilles où que tu sois. Prends de grands anneaux, que tu trouveras dans la plupart des boutiques de loisirs créatifs et de bijoux fantaisie. Si tu préfères prendre de plus petits anneaux, vérifie leur solidité et la possibilité de glisser une perle par-dessus leur fermoir. Des anneaux trop fins rendront le nouage de tes élastiques plus difficile et donneront une maille très lâche. Choisis quelques perles à la mode et ajoute ce nouvel accessoire à ta boîte à bijoux.

Niveau de difficulté : **Facile**

Tu auras besoin de :

1 crochet • 6 perles aux trous moyens • une paire d'anneaux (sans fermoir qui bloque le fil métallique) • environ 50 élastiques par anneau

1. En n'utilisant que les élastiques et tes doigts, fais passer un élastique à travers un autre et noue-le sur lui-même. Cela maintiendra le début de ta maille en place.

2. Passe à l'élastique non tissé et écrase-le à moitié avec tes doigts, de façon à former une demi-lune.

3. Passe l'élastique suivant à travers les boucles du 1er élastique.

4. Écrase l'élastique pour former une autre demi-lune. Introduis un autre élastique pour répéter l'opération.

5. Répète cette opération jusqu'à obtenir une longue chaîne d'élastiques entrelacés. Alterne les couleurs selon tes souhaits ou suis le modèle et passe du rose au vert et au bleu de façon répétée.

6. Pour de grands anneaux comme ceux des photos, la chaîne doit être bien plus longue que la circonférence de l'anneau (de 40 à 50 élastiques de long).

7. Noue l'autre bout de la maille afin que la chaîne ne se défasse pas.

8. Glisse le 1er élastique au bout de la chaîne sur le devant de l'anneau (pas au dos).

9. Avec le 1er élastique autour de l'anneau, tords l'élastique suivant et glisse-le sur l'anneau. Pour bien maintenir tes boucles, glisse-le dans la même boucle de l'élastique où l'élastique suivant de la chaîne est relié.

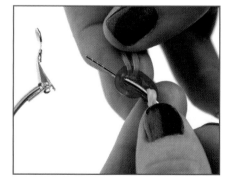

10. Répète l'opération avec l'élastique suivant de la chaîne, en le tordant et en le glissant sur l'anneau.

11. Répète l'opération environ huit fois, puis glisse ta perle sur la boucle métallique. Pas besoin de la faire glisser sur les élastiques.

12. Enfile huit élastiques, puis ajoute ta 2e perle.

13. Si tu n'as plus de place sur l'anneau, glisse les élastiques vers l'arrière de ce dernier, afin qu'ils soient bien serrés.

14. Enfile huit élastiques de plus et fais glisser la dernière perle sur l'anneau.

15. Enfile les élastiques restants, en faisant glisser la chaîne le long de l'anneau pour que les élastiques soient bien serrés.

16. Noue le dernier élastique et coupe les bouts non tissés avec des ciseaux, en veillant à ne pas couper les autres élastiques.

17. Si les élastiques dépassent de l'anneau, la chaîne est trop longue. Dans ce cas, coupe deux élastiques du bout et noue le dernier.

18. Répète l'opération pour le 2e anneau.

BANDEAU DE PiRATE

Que tu partes au large ou que tu cherches un trésor caché dans ton jardin, ton bandeau de pirate donnera du fil à retordre au Capitaine Crochet! Parfait pour Halloween, une pièce de théâtre ou pour s'amuser après l'école, tu ressembleras au pirate le plus méchant de la région!

Niveau de difficulté : Moyen

Tu auras besoin de :

2 métiers • 1 crochet • 2 clips-C • ficelle ou élastiques noirs supplémentaires pour la chaîne • 85 élastiques noirs

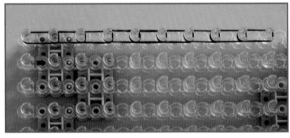

1. Aligne bien deux métiers côte à côte, flèches orientées vers le haut.

2. Dans la colonne tout à gauche, pars du 1er picot et pose une ligne de neuf élastiques noirs.

3. Pars du 2e picot de la rangée à gauche et pose deux élastiques vers la droite.

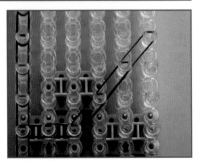

4. En partant du picot où tu as terminé ton dernier élastique, pose trois élastiques vers le haut et la droite.

5. Dessine le reste du contour :
à partir du dernier picot
atteint, pose une ligne
de deux élastiques dans la
colonne à droite. Puis, pose
trois élastiques montant en
diagonale et vers la gauche.
À partir du dernier picot
atteint, pose une ligne de
deux élastiques pour finir le contour de ton bandeau.

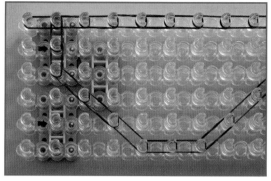

6. Commence à remplir ton bandeau
avec des élastiques. Attache un
élastique autour des 2e et 3e picots
de la 2e rangée et relie-les au picot
juste au-dessus. À partir du 3e picot
de la colonne tout à gauche, pose
une ligne de trois élastiques allant
de gauche à droite.

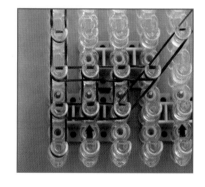

7. Répète ce motif pour le reste
du bandeau, en posant des
élastiques verticaux sur tous
les picots intérieurs pour les
relier à la rangée du dessus,
puis en posant des lignes
horizontales partant tout à
gauche et allant de gauche
à droite jusqu'à ce que tu
atteignes le bord droit du bandeau.

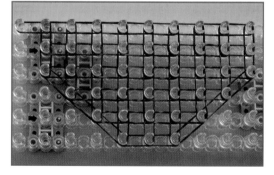

8. Attache un élastique au 10e picot
de la rangée tout à gauche
et relie-le au picot du dessus.

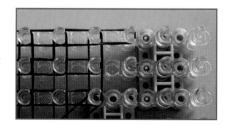

9. Rabats tes élastiques sur eux-mêmes, en partant du 10ᵉ picot de la rangée tout à gauche. Saisis l'élastique juste en dessous de l'élastique supérieur avec le crochet (le dernier posé) et décroche-le du picot pour le rabattre sur lui-même. Rabats le reste des élastiques sur le picot de la même façon, en allant de haut en bas. Fais de même pour tous les picots du motif, en regagnant le bout du métier où tu as commencé ta forme. Maintiens les dernières boucles avec un clip-C.

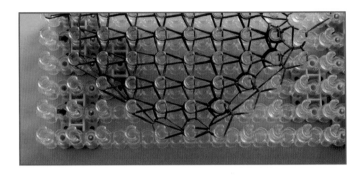

10. Utilise de la ficelle ou attache deux chaînes d'élastiques noirs pour créer la sangle de ton bandeau. Noue l'une des chaînes autour des boucles maintenues avec le clip-C et enlève ce dernier. Noue l'autre bout à la boucle située à l'autre bout du bandeau. Tu peux relier ces deux chaînes par un clip-C.

BOUQUET
DE FLEURS

Qui eut cru que les élastiques en caoutchouc puissent être si jolis ?! Ces adorables fleurs en élastiques feront un cadeau idéal pour tes amis ou serviront à décorer ta chambre. Et en plus, tu n'auras jamais besoin de les arroser! Ces instructions expliquent comment faire une fleur. Pour un bouquet tout entier, répète les étapes avec tes couleurs préférées.

Niveau de difficulté : Moyen

Tu auras besoin de :

1 métier • 1 crochet • 1 clip-C • 1 fil de modelage souple (d'environ 30 cm [12 po] de long, ou un peu plus long que le métier) • 25 élastiques blancs • 30 élastiques jaunes • 15 élastiques rouges • 26 élastiques verts

Pour faire la fleur :

1. Aligne bien deux métiers côte à côte, flèches orientées vers le haut.

2. Relie les deux picots centraux de la 2ᵉ rangée par un élastique.

3. Dessine un cercle : pars du picot de gauche où tu viens juste de poser ton élastique et pose deux élastiques diagonaux vers l'extérieur, puis un vers le haut et deux élastiques diagonaux vers l'intérieur pour finir ta forme.

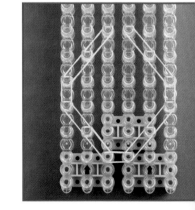

4. Fais pareil pour le côté droit du cercle, en partant du picot central de droite.

5. Pose un élastique sur chacun des deux picots centraux de la 2e rangée (où tu as posé ton 1er élastique) et relie-les au picot juste au-dessus.

6. Relie les deux picots centraux de la 3e rangée par un élastique.

7. Dessine un autre cercle à l'intérieur de la forme que tu as créée, en posant tes élastiques comme avant. Pars du 3e picot central de gauche et attache un élastique diagonal vers l'extérieur, puis un vers le haut et un en diagonale intérieure.

8. Dessine le côté droit de la même façon. Relie les deux picots supérieurs de ton petit cercle pour finir la forme.

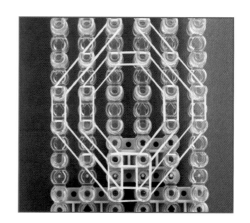

9. En partant du 2e picot de gauche sur la 3e rangée, pose une ligne de trois élastiques, de gauche à droite.

10. Répète l'étape 9, en partant du 2e picot de gauche sur la 6e rangée.

11. Relie les cercles intérieur et extérieur des deux côtés : pose un élastique sur le 4e picot de la colonne tout à gauche et relie-le au picot de droite.

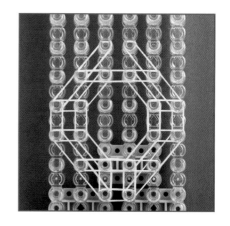

12. Fais pareil avec le 5e picot de la colonne gauche. Répète l'opération à droite.

13. Relie chacun des deux picots supérieurs de ta forme au picot du dessous par un élastique.

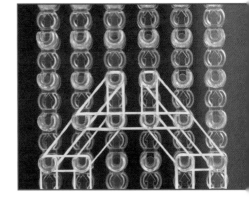

14. Remplis le centre de ton cercle/ta fleur avec des élastiques de différentes couleurs. Pars des deux picots centraux de la 3ᵉ rangée et relie-les au picot du dessus.

15. Passe à la 4ᵉ rangée et pose une ligne de trois élastiques, en partant du 2ᵉ picot de gauche.

16. Relie les deux picots centraux de la 4ᵉ rangée au picot du dessus.

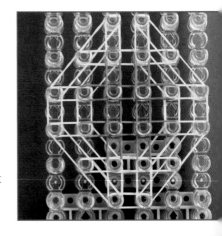

17. Passe à la 5ᵉ rangée et pose une ligne de trois élastiques, comme pour la 4ᵉ rangée. Relie les deux picots centraux de la 5ᵉ rangée au picot du dessus.

18. Plie un capuchon en deux autour des deux élastiques centraux de la 7ᵉ rangée, en haut de ton cercle.

19. Pose tes élastiques «pétales» autour de l'extérieur du grand cercle. Pars en bas

à gauche et continue en sens horaire autour du grand cercle, en attachant deux élastiques à chaque picot autour du cercle jusqu'à ce que tu aies atteint le haut du cercle.

20. Fais pareil pour le côté droit du cercle. Pour les picots des colonnes tout à droite et tout à gauche, où il n'y a qu'un seul picot pour poser tes pétales, laisse l'autre pétale sortir du picot, comme indiqué.

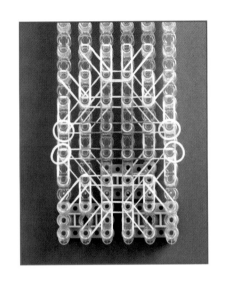

21. Pars sur la gauche des deux picots que tu as pliés en deux dans l'étape 18 et commence à décrocher tes élastiques du picot grâce au crochet et à les rabattre sur eux-mêmes.

22. Rabats chaque picot de ton cercle (ici, les élastiques jaunes et rouges), en allant toujours de gauche à droite dans chaque rangée, puis, recommence à la rangée du dessous.

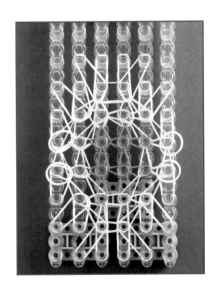

23. Finis de rabattre en bas à droite et maintiens l'élastique non tissé avec un clip-C.

Pour faire la tige :

1. Décale ton métier d'un picot central vers toi, flèche orientée vers le haut.

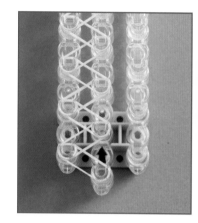

2. Pose un élastique vert sur le 1er picot central et relie-le au picot supérieur de gauche.

3. Relie ce picot au picot supérieur de droite.

4. Continue à dessiner ce motif en zigzag tout le long du métier.

5. Coupe le fil de modelage de 1 cm (environ ½ po) de plus que la longueur que tu veux obtenir pour ta tige (pour cela, demande à un adulte de t'aider).

6. Pose ton fil au-dessus du motif en zigzag que tu as créé.

7. Retourne ton métier, flèche orientée vers toi. En partant du picot central de la rangée la plus près de toi, fais passer l'élastique du dessous de chaque picot par-dessus le fil et rabats-le sur lui-même.

8. Continue à rabattre le motif en zigzag jusqu'à son début.

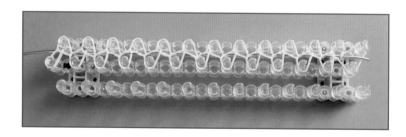

9. Attache les boucles non tissées du dernier picot central à ton crochet et retire tous les élastiques du métier.

10. Redessine le motif en zigzag sur le métier et fais glisser les boucles non tissées du crochet jusqu'au dernier picot du métier.

11. Fais passer les élastiques au-dessus du fil, comme avant.

12. Continue jusqu'au bout de la tige.

13. Pour attacher la tige à la fleur, fais passer le fil au milieu de la fleur. Plie le bout, comme pour l'autre bout de la tige, et attache-le aux boucles au milieu de la fleur.

14. Répète ce projet en fonction du nombre de fleurs que tu veux obtenir.

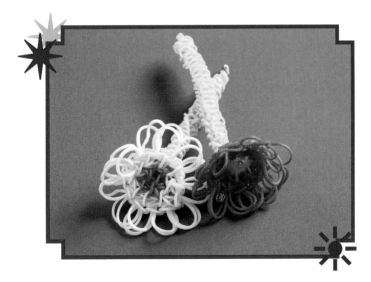

PIEUVRE

Du jamais vu! Cette incroyable pieuvre va battre tous les autres projets en élastiques à plate couture. Cette créature des mers violette et ses tentacules horrifiants sont en fait très simples à assembler. Réunis des élastiques aux couleurs adaptées à un céphalopode qui plonge en eaux profondes et commence cette création délirante. (Attention : nous ne pouvons garantir que cette pieuvre pourra vraiment nager!)

Niveau de difficulté : **Facile**

Tu auras besoin de :

1 métier • 1 mini métier • 1 crochet • 9 clips-C
• 2 yeux globuleux • environ 400 élastiques
(couleurs des photos : rose, violet
et violet métallique)

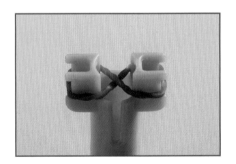

1. Pose un élastique sur le mini métier en formant un 8.

2. Pose deux autres élastiques au-dessus du 1er, sans les croiser. Alterne tes couleurs au fur et à mesure.

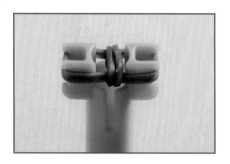

3. À l'aide de ton crochet, fais passer l'élastique du dessous par-dessus les deux autres et ramène la boucle dans le creux central du mini métier.

4. Pose un autre élastique au-dessus du mini métier. Répète l'étape 3.

5. Continue à ajouter et à replier des élastiques de cette façon pour créer une chaîne. Quand ta chaîne sera assez longue, fais-la passer sur le côté du mini métier avec la fente, pour ne pas qu'elle tombe dans le tube.

6. Quand ta chaîne fera 15 cm (6 po), retire les deux dernières boucles du métier avec le crochet et attache-les avec un clip-C. Glisse l'autre bout dans un élastique et attache-le avec un clip-C.

7. Crée une autre chaîne de la même longueur que la 1re. Enlève-la du métier et maintiens-la avec un clip-C. Puis, glisse-la dans l'élastique simple, avec la 1re chaîne.

8. Continue jusqu'à obtenir huit chaînes et glisse-les dans l'élastique simple.

9. Enroule un élastique autour du tas de chaînes et fais-le glisser au milieu.

10. Ajoute de la colle et des yeux globuleux pour finir la tête.

REPAS DU MATIN

Prépare un délicieux repas matinal avec tes métiers! Bien que nous ne te conseillions pas de manger ce bacon et ces œufs appétissants, ce projet est une façon amusante de concocter un repas. Tu auras besoin de plusieurs métiers. L'occasion de réunir quelques-uns de tes amis. Bon appétit!

Niveau de difficulté :

Bacon : **Facile**   Œufs : **Difficile**

Tu auras besoin de :

BACON : 1 métier • 1 clip-C • environ 50 élastiques (couleurs des photos : marron et blanc)
ŒUFS : 3 métiers • 2 clips-C • environ 100 élastiques (couleurs des photos : blanc et jaune)

Pour faire le bacon :

1. Aligne bien ton métier, flèche orientée vers le haut. Pose une chaîne simple d'élastiques blancs tout le long de la colonne centrale.

2. Pose deux élastiques marron sur la 1re rangée du métier, de gauche à droite.

3. Pose une chaîne simple d'élastiques marron tout le long des colonnes de droite et de gauche.

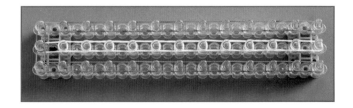

4. Pose 2 élastiques marron sur chaque rangée du métier, comme dans l'étape 2, de gauche à droite en remontant le métier.

5. Plie un capuchon blanc en trois sur le picot central de la dernière rangée.

6. En partant du même picot, saisis l'élastique juste en dessous du capuchon avec le crochet. Décroche-le du picot et rabats-le sur lui-même. Fais pareil pour les autres élastiques du picot, en descendant. Une fois le picot central fini, rabats les deux picots extérieurs de la rangée de la même façon. Passe à la rangée suivante et continue jusqu'à ce que tous les élastiques soient rabattus.

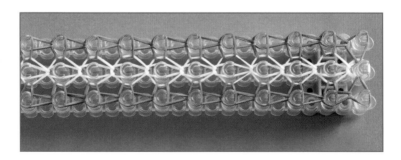

7. Répète les étapes 1 à 6 pour faire plus de bacon.

Pour faire les œufs :

1. Place trois métiers côte à côte. Les deux métiers extérieurs doivent être décalés d'un picot central vers toi et le métier central doit avoir ses colonnes extérieures décalées d'un picot vers toi.

2. Dessine un œuf sur le plat sur le métier.

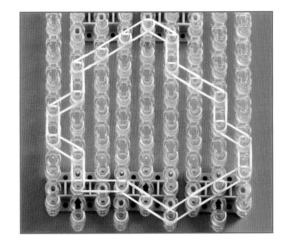

3. Remplis l'intérieur de ton œuf : pars du 5ᵉ picot (en partant du bas) de la 2ᵉ colonne de gauche et relie-le au picot du dessous. Relie ce dernier au picot du dessous. Passe à la colonne suivante (bord supérieur de l'œuf) et pose une autre chaîne simple jusqu'au bord inférieur de l'œuf. Continue à remplir l'œuf de cette façon, en prenant des élastiques jaunes pour faire le jaune.

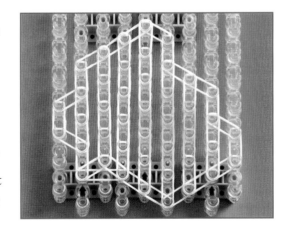

4. Remplis ton œuf en diagonale : pars du 5ᵉ picot de la 2ᵉ colonne et relie-le au picot supérieur de droite. Continue à poser des élastiques sur cette ligne, de gauche à droite, jusqu'au bord de l'œuf. Descends à la rangée diagonale suivante et pose une chaîne simple de la même façon.

Prends des élastiques jaunes pour dessiner le jaune.

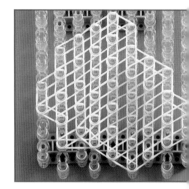

5. Remplis les diagonales opposées de ton œuf. Pose un élastique sur le 3ᵉ picot de la 2ᵉ colonne et relie-le au picot inférieur de droite. Passe à la rangée diagonale supérieure, en partant du 4ᵉ picot tout à gauche et pose une ligne diagonale d'élastiques descendant vers la droite. Continue jusqu'à ce que tu aies rempli tout l'œuf de cette façon.

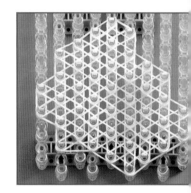

6. Plie un capuchon en trois sur le picot en bas du métier.

7. Pars du picot au capuchon et saisis l'élastique juste en dessous de ce dernier à l'aide du crochet. Décroche l'élastique du picot et rabats-le sur lui-même. Fais de même avec les autres élastiques sur le picot, en descendant. Passe au picot suivant et répète l'opération. Rabats tous les picots de l'œuf de cette façon, en allant d'un bout à l'autre du dessin.

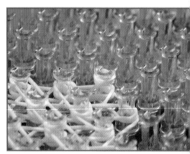

8. Maintiens les dernières boucles non tissées avec un clip-C et enlève la forme du métier.

9. Répète les étapes 1 à 9 pour faire plus d'œufs.

ÉLASTIQUE
POUR CHEVEUX

Amuse-toi triplement avec cet élastique en zigzag ! Les élastiques pour cheveux sont parfois banals. Cet élégant projet ajoutera du punch à chaque coiffure. Attache ces trois pendentifs colorés à n'importe quel élastique pour obtenir un nouvel accessoire sensationnel !

Niveau de difficulté : **Facile**

Tu auras besoin de :

1 métier • 1 crochet • 12 perles •
1 élastique pour cheveux •
38 élastiques en caoutchouc

1. Place ton métier, colonne centrale décalée d'un picot vers toi et flèche orientée vers le haut.

2. En partant du 1er picot central, dessine un motif en zigzag sur toute la longueur du métier, en alternant deux de tes couleurs, comme indiqué.

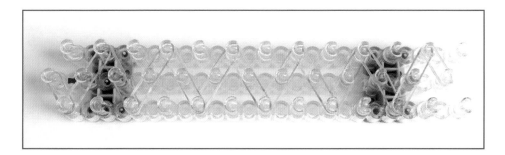

3. En utilisant tes autres élastiques de couleur, pose une chaîne simple d'élastiques tout le long de la colonne centrale. Glisse les 2e, 6e et 11e élastiques dans une perle avant de les poser sur le métier comme d'habitude.

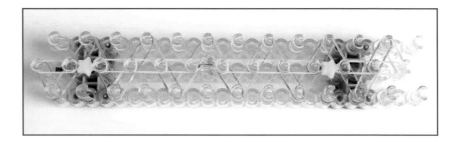

4. Plie un capuchon en trois sur le dernier picot de la colonne centrale.

5. En partant du capuchon, rabats uniquement les élastiques de la colonne centrale sur eux-mêmes. Fais ça pour toute la colonne.

6. Repasse au capuchon et rabats les élastiques formant le motif en zigzag de la même façon que pour la colonne centrale. Fais attention à bien suivre le motif en zigzag.

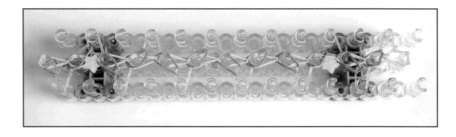

7. En prenant la même couleur que pour la colonne centrale, glisse un élastique dans une perle et fais un nœud. Noue

ce dernier aux élastiques sur le dernier picot de la colonne centrale.

8. Enlève le projet du métier : il se peut que tu doives un peu tourner la dernière perle pour qu'elle soit à l'endroit.

9. Répète ces étapes deux fois de plus pour créer les autres pendentifs. Change la disposition de tes couleurs pour un effet différent !

10. En utilisant le bout sans perle de l'un des pendentifs, prends le 1er élastique et noue-le autour de ton élastique pour cheveux. Enroule l'élastique autour de l'élastique pour cheveux et passe le pendentif dans la boucle de l'élastique en caoutchouc. Serre bien pour le maintenir. Fais pareil pour chaque pendentif : maintenant, tu es fin prête !

COLLIER D'AMOUR

Crée ce collier pour quelqu'un de spécial, une occasion spéciale ou tout simplement pour toi-même ! Les boucles pendantes de ce collier transformeront ce collier en élastiques en un bijou extravagant. Utilise tes couleurs et tes perles préférées afin d'ajouter une pièce amusante et unique à ta collection de bijoux en élastiques !

Niveau de difficulté : **Facile**

Tu auras besoin de :

1 métier • 1 crochet • 1 clip-C • 12 perles • environ 72 élastiques

1. Place ton métier avec une seule colonne et la flèche orientée vers le haut.

2. Pose deux élastiques au 1er picot et relie-les au picot suivant. Glisse deux élastiques dans une perle et attache-les aux 2e et 3e picots.

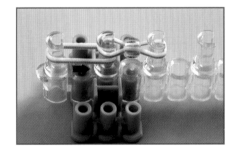

3. Continue à poser des élastiques de la sorte,

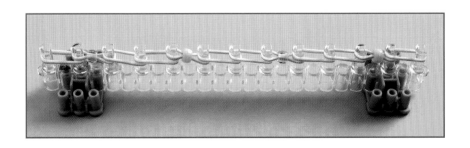

en posant deux élastiques à la fois et en enfilant une perle dans chaque 3ᵉ paire d'élastiques, jusqu'au bout du métier.

4. Pars de l'avant-dernier picot de la colonne et rabats tes élastiques sur eux-mêmes.

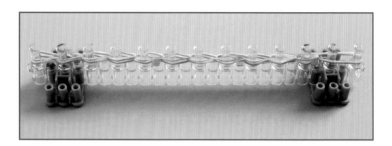

5. Une fois tous les élastiques repliés de la sorte, glisse un seul élastique dans les élastiques non tissés qui sont sur le picot le plus près de toi. Maintiens l'élastique avec un clip-C et enlève le projet du métier.

6. Répète les étapes 1 à 4 deux fois de plus pour obtenir trois chaînes en tout. Crée deux chaînes dans les deux mêmes couleurs (ici, rose et blanc) et une 3ᵉ chaîne légèrement différente (ici, rose et rouge). Mets les trois chaînes de côté.

7. Place ton métier avec une seule colonne et la flèche orientée vers le haut. Pose une ligne d'élastiques simples, en partant du picot le plus près de toi et en allant jusqu'au bout du métier.

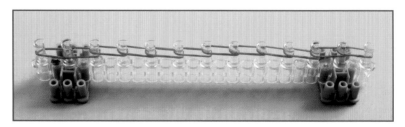

8. Retourne ton métier, flèche orientée vers toi. Pars du 2e picot de la colonne et rabats tes élastiques sur eux-mêmes.

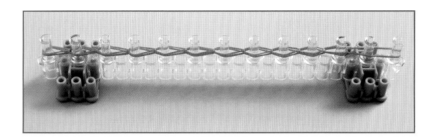

9. Fixe les boucles non tissées du dernier picot avec un clip-C ou ton crochet. Retire la chaîne du métier et mets-la de côté.

10. Pose une chaîne simple d'élastiques sur le métier, comme dans l'étape 7. Prends ensuite la chaîne simple mise de côté dans l'étape 9 et glisse les boucles non tissées sur le dernier picot de la colonne, par-dessus le dernier élastique posé.

11. Place les chaînes à motifs sur le métier, par-dessus la chaîne à peine posée. Superpose les extrémités des chaînes assorties avec les clips-C sur le picot central de la colonne (le 7e en partant de la fin). Enlève les clips-C. Plie l'autre bout de chaque chaîne en deux sur le 3e picot en partant du centre, chacun dans une direction opposée.

12. Place la 3e chaîne au milieu du métier, par-dessus les autres chaînes : pose le bout avec le clip-C sur le picot à gauche du picot central et plie l'autre bout en deux sur le picot à droite du picot central.

13. Retourne ton métier, flèche orientée vers toi. Pars du 2ᵉ picot de la colonne et rabats tes élastiques sur eux-mêmes.

14. Attache les boucles du dernier picot avec un clip-C ou ton crochet et retire les élastiques de ton métier ave soin.

15. Pose une chaîne simple d'élastiques tout le long du métier. Superpose les boucles de l'étape 14 par-dessus le dernier élastique posé. En partant de ce picot, rabats tes élastiques sur eux-mêmes.

16. Attache les dernières boucles avec un clip-C. Retire ton projet du métier.

PORTE-BiJOUX
À LA MODE

Ce projet utilise la maille queue de poisson pour les bandes du porte-bijoux. Ces instructions indiquent comment faire la maille sur un métier. Pour la faire sur un mini métier, reporte-toi aux instructions pour la Pieuvre ou les Anneaux recouverts, puis reviens sur cette page pour le reste du projet.

Niveau de difficulté : **Facile**

Tu auras besoin de :

1 métier • 1 crochet • 1 clip-C par fleur • 1 cadre • 8 punaises • colle ou ruban adhésif • 26 élastiques par bande (couleurs indiquées pour une bande : 10 verts, 8 roses, et 8 rouges) • 19 élastiques par fleur (couleurs des photos : 6 roses, 6 rouges et 7 jaunes)

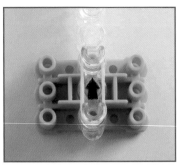

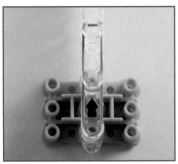

Pour les bandes, avec un métier :

1. Pour chaque bande du porte-bijoux, place une colonne du métier, flèche orientée vers le haut.

2. Pose un élastique vert sur le 1er picot et relie-le au 2e picot.

3. Pose un élastique rouge sur le 1er picot et relie-le au 3e picot.

4. Répète l'opération pour chaque picot du métier en alternant tes couleurs : au lieu de relier deux picots avec chaque élastique, tu en relieras trois.

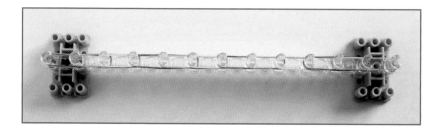

5. Pose un élastique vert sur l'avant-dernier picot du métier et relie-le au dernier picot.

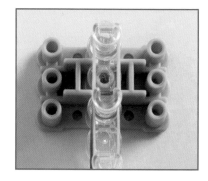

6. En partant de l'avant-dernier picot, rabats chaque élastique sur lui-même à l'aide du crochet. Fais ça sur tout le métier.

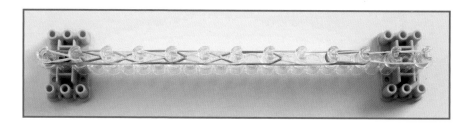

7. Tu as fait la 1re moitié d'une bande. Attache-la à un clip-C temporaire, enlève-la du métier et mets-la de côté pour l'attacher à l'autre moitié plus tard.

8. Répète les étapes 2 à 4 pour la 2e moitié de la bande.

9. Prends l'élastique non tissé
    de ta 1re bande et étire son
    bout sur les deux derniers
    picots du métier, comme
    pour le dernier élastique
    de l'étape 5.

10. Rabats cet ensemble
    d'élastiques sur eux-mêmes.
    Fais ça sur tout le métier.

11. Attache un clip-C temporaire, retire le projet du métier et
    mets-le de côté. Répète les étapes 1 à 7 pour chaque bande
    supplémentaire (quatre à six bandes en tout).

Pour la fleur :

1. Prends un métier complet, décale
    la colonne centrale d'un picot vers toi,
    flèche orientée vers le haut.

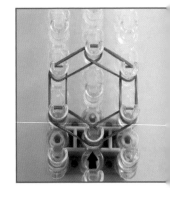

2. En partant du 2e picot central,
    dessine un hexagone avec des élastiques
    rouges : commence par le côté gauche
    de l'hexagone, en sens horaire. Repars
    du picot central et pose des élastiques
    pour faire le côté droit, en sens
    antihoraire.

3. Pose les « pétales » intérieurs avec tes
    élastiques jaunes. Pars du picot supérieur
    droit à l'intérieur de l'hexagone et en
    sens horaire, comme indiqué.

4. Forme six «pétales» extérieurs avec tes élastiques roses. Les pétales vont des picots un à deux et des picots trois à quatre pour les trois colonnes.

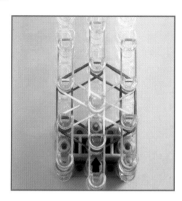

5. Plie un capuchon jaune en deux sur le picot central de la fleur.

6. En partant des «pétales» jaunes, rabats les élastiques sur eux-mêmes à l'aide du crochet, en suivant l'ordre dans lequel ils ont été placés. Pars de l'élastique le plus proche du haut, sous le capuchon.

7. Rabats tous les élastiques rouges sur eux-mêmes, en suivant le sens inverse de leur ordre de placement (du picot central supérieur, à celui en bas à droite et au picot central inférieur, puis du picot central supérieur, à celui en bas à gauche et au picot central inférieur). Ne rabats pas les «pétales» extérieurs roses.

8. Attache un clip-C en bas et enlève la fleur du métier.

9. Répète ces étapes pour obtenir plus de fleurs.

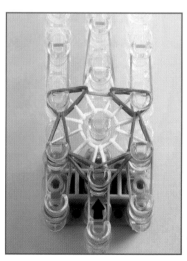

Pour assembler le porte-bijoux :

1. Insère huit punaises au dos d'un
   cadre, en les espaçant de façon
   régulière, comme indiqué.

2. Pour fixer les bandes au cadre,
   enroule un élastique au bout
   d'une longue bande autour d'une
   punaise (les clips-C doivent être
   enlevés). Fais passer la bande
   devant le cadre et enroule l'élastique à l'autre bout de la bande
   autour de la punaise en face de la 1re.

3. Répète l'opération pour chaque bande.

4. Utilise de la colle ou du ruban adhésif pour fixer tes fleurs
   comme tu le souhaites sur le cadre.

5. Accroche des bijoux aux bandes. Pour les boucles d'oreilles
   cloutées, veille à insérer les parties percées dans la bande et à
   bien les fixer avec leurs fermoirs afin qu'elles ne tombent pas.

ÉTOILES
FLUORESCENTES

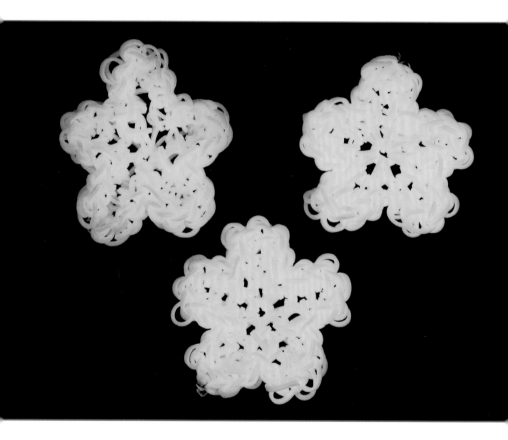

Éclaire ta chambre avec ces constellations faites main! Suspends-les au plafond par un fil ou crée un grand ciel étoilé dans ta chambre en les fixant avec de la gomme adhésive. Apprends à connaître Orion ou la Grande Ourse et recrée-les! Pour ce projet, tu auras besoin de trois métiers, alors fais équipe avec des amis et réunissez vos métiers pour faire ces étoiles brillantes! Tout ce qui brille dans le noir doit d'abord absorber de la lumière : donc, n'oublie pas de placer le projet dans un bain de lumière avant de le faire briller dans le noir.

Niveau de difficulté : Moyen

Tu auras besoin de :

3 métiers • 1 crochet • 1 clip-C • environ 80 élastiques fluorescents

1. Aligne bien trois métiers côte à côte, flèches orientées vers toi.
2. Commence à dessiner ton étoile : pose un élastique au 1ᵉʳ picot central et relie-le au picot supérieur de gauche.
3. Pose une ligne horizontale de deux élastiques qui remontent à partir du picot du dernier élastique.
4. Pose une ligne de deux élastiques, allant vers la gauche.
5. Pose un élastique sur le dernier picot atteint et relie-le au picot supérieur de gauche. Attache un autre élastique à ce picot et relie-le au picot supérieur de droite.
6. Pose une ligne de deux élastiques, allant vers la droite.
7. Pose deux élastiques diagonaux, allant vers le haut et la gauche. Attache un élastique au dernier picot relié et relie-le au picot tout à gauche, deux rangées au-dessus.
8. Attache un élastique au dernier picot et relie-le au picot suivant (deux vers la droite et un vers le bas).

9. Pose une ligne de deux élastiques diagonaux, allant en bas à droite, qui se termine au milieu, au-dessus du picot central du début.

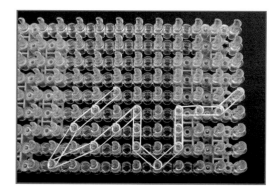

10. Pars du 1er picot central et dessine le côté droit de l'étoile, en faisant comme pour le côté gauche, mais en sens inverse.

11. Commence à remplir ton étoile : pars de la pointe supérieure droite et pose une ligne diagonale de quatre élastiques, se terminant au milieu de la forme.

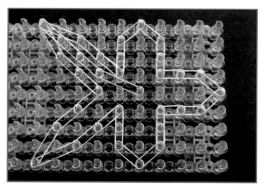

12. Pars de la pointe supérieure gauche et pose une ligne diagonale de quatre élastiques, se terminant au milieu de la forme.

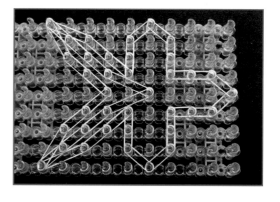

13. Pose une ligne d'élastiques
allant de chaque pointe
restante jusqu'au milieu
de l'étoile. Toutes les lignes
doivent partir de la pointe
et finir au centre.

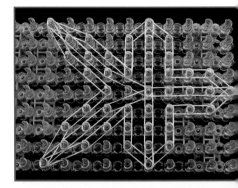

14. Dessine trois flèches dans
la pointe supérieure droite
de l'étoile : pose deux
élastiques sur chaque picot
central de la pointe et relie-
les aux picots de chaque
côté.

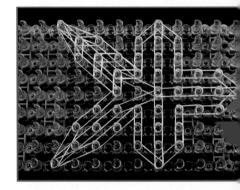

15. Fais pareil pour la pointe
supérieure gauche.

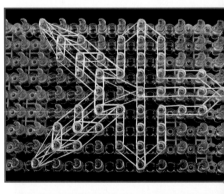

16. Fais pareil pour le reste
des pointes : relie les picots
de la ligne d'élastiques
posée au centre aux picots
de chaque côté.

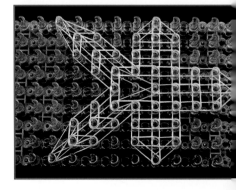

17. Plie un capuchon en deux sur le picot central de la forme.

18. Pars du picot central avec le capuchon et rabats les élastiques à l'intérieur de l'étoile sur eux-mêmes. Rabats tous les élastiques du picot de cette façon avant de passer au picot suivant. Avance du picot central jusqu'au bout de chaque pointe. Ne rabats pas les élastiques extérieurs.

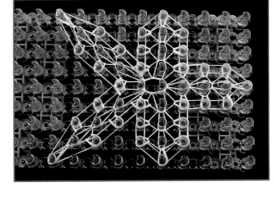

19. Rabats les élastiques extérieurs de ton étoile : pars du 7e picot central et rabats d'abord le côté droit de l'étoile, puis le gauche, en suivant le sens inverse de l'ordre de placement des élastiques.

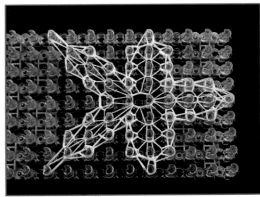

20. Attache les boucles non tissées du dernier picot avec un clip-C. Enlève ton étoile du métier avec soin.

BRACELET
BOUCLÉ

Fabriquer ce bracelet ? Facile ! Il conviendra aux garçons comme aux filles. Cette maille bouclée peut être portée seule, mais si tu veux qu'elle soit un peu plus travaillée, ajoutes-y une fleur décorative ou une perle. (Les instructions pour les fleurs décoratives sont à la même page que le Porte-bijoux à la mode.) Tu peux utiliser plein de couleurs et même créer des bracelets d'amitié assortis.

Niveau de difficulté : **Facile**

Tu auras besoin de :

1 métier • 1 crochet • 2 clips-C
Pour le bracelet : 12 élastiques blancs •
18 élastiques dorés • 18 élastiques violets
Pour la fleur : 6 élastiques blancs,
7 élastiques orange, 6 élastiques violets

1. Place ton métier, colonne centrale décalée d'un picot vers toi et flèche orientée vers le haut.

2. Pose une ligne d'élastiques simples le long de la colonne centrale.

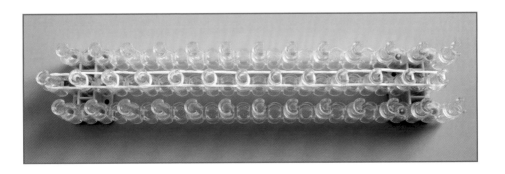

3. Dessine un triangle avec tes élastiques. Attache un élastique au 1er picot central et relie-le au 1er picot de gauche. Attache un autre élastique au 1er picot central et relie-le au 1er picot de droite. Attache un élastique au 1er picot de gauche et relie-le au 1er picot de droite pour finir ton triangle.

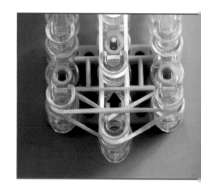

4. Répète l'opération pour créer douze triangles tout au long du métier. Alterne tes couleurs pour chaque triangle.

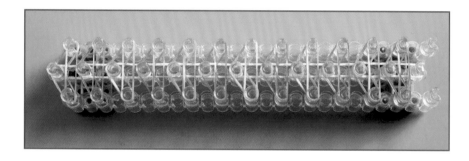

5. Retourne ton métier, flèche orientée vers toi. En partant du picot central le plus près de toi, ne rabats que les élastiques blancs sur eux-mêmes. Fais ça sur tout le métier.

6. Rabats les deux diagonales de chaque triangle violet et orange sur elles-mêmes. Pars du triangle le plus près de toi (le dernier posé) et continue jusqu'au bout du métier. Ne rabats aucun élastique horizontal des triangles.

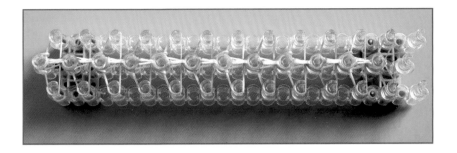

7. Attache un clip-C au bout du projet et retire-le du métier avec soin.

8. Pour créer une fleur à attacher, reporte-toi au Porte-bijoux à la mode. Ce sont les mêmes fleurs, il te suffit juste de changer les couleurs.

DÉCORATION DE
FERMETURE ÉCLAIR

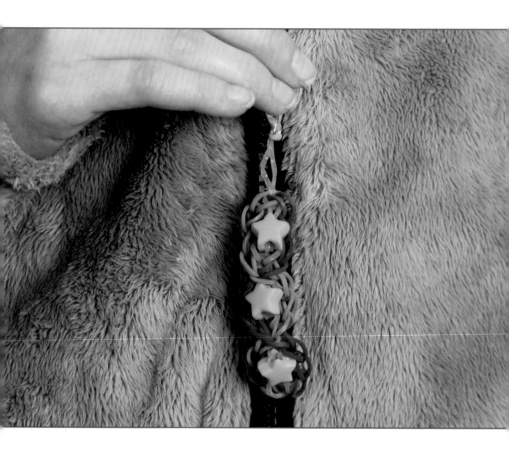

Donne du punch à ta fermeture éclair avec cette création ! Ce projet est si simple et rapide à réaliser que tu voudras en faire un pour chacune de tes fermetures éclair. En changeant de couleur et de perle, tu pourras assortir ta décoration à chaque tenue.

Niveau de difficulté : **Facile**

Tu auras besoin de :

1 métier • 1 crochet • 3 perles • 1 curseur • 34 élastiques

1. Place ton métier, colonne centrale décalée d'un picot vers toi et flèche orientée vers le haut.

2. En partant du 1er picot central, dessine le côté droit d'un hexagone : relie un élastique au picot supérieur de droite, puis pose une ligne de deux élastiques allant vers le haut, puis relie un élastique au picot supérieur de gauche (4e picot central).

3. Dessine le côté gauche de l'hexagone de la même façon, en finissant sur le 4e picot central.

4. Dessine deux autres hexagones, en alternant les couleurs comme indiqué.

5. Pose une ligne d'élastiques sur la colonne centrale, du 1er picot central

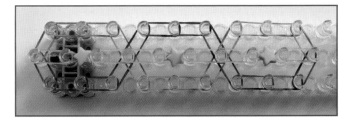

au picot de fin du 3e hexagone. Glisse une perle autour de l'élastique central de chaque hexagone avant de le poser sur le métier.

6. Plie un capuchon en deux sur le dernier picot de ton motif.

7. Pars du picot au capuchon et rabats tes élastiques sur eux-mêmes. Continue à rabattre les élastiques jusqu'à atteindre le début du métier.

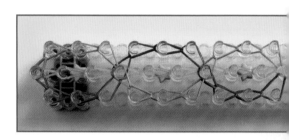

8. Glisse un élastique dans les boucles non tissées du 1er picot central et noue-le pour les maintenir.

9. Enlève le projet du métier. Utilise l'élastique du numéro 8 pour attacher ton projet à un curseur.

BRACELET-POCHETTE

Porte tes affaires autour de ton poignet : cette pochette peut contenir de l'argent pour le déjeuner, une pièce porte-bonheur ou un petit mot ! Glisse la perle dans des élastiques du rabat pour fermer la pochette et protéger tes affaires.

Niveau de difficulté : **Difficile**

Tu auras besoin de :

2 métiers • 1 crochet • plusieurs clips-C • 1 perle • 62 élastiques

1. Place deux métiers côte à côte, flèches orientées vers le haut.

2. Dans la 1re rangée, pose une ligne de trois élastiques, en partant tout à droite et en allant vers la gauche.

3. Attache un élastique à chacun des quatre picots du numéro 2 et relie-les au picot du dessus. Sur le 4e picot (en partant de la droite), pose un élastique en diagonale jusqu'au picot supérieur de gauche.

4. Pars du picot le plus à droite de la 2e rangée et pose une ligne de quatre élastiques, de droite à gauche.

5. Attache un élastique vertical à chaque picot relié de la 2ᵉ rangée, comme dans le numéro 3. Sur le picot le plus à gauche, pose un élastique en diagonale jusqu'au picot supérieur de gauche.

6. Pose une ligne de cinq élastiques le long des picots reliés de la 3ᵉ rangée, en allant de droite à gauche.

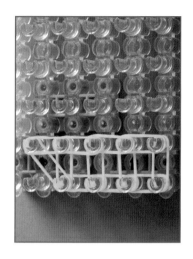

7. En partant de la droite, relie chaque picot de la 3ᵉ rangée au picot du dessus. Relie le dernier picot de gauche au picot supérieur de droite, et non pas à celui juste au-dessus.

8. Pose une ligne de quatre élastiques le long de la 4ᵉ rangée, de droite à gauche.

9. En partant de la droite, relie chaque picot de la 4ᵉ rangée au picot du dessus. En atteignant l'avant-dernier picot, ne le relie pas au picot du dessus mais au picot supérieur de droite.

10. Pose une ligne de trois élastiques le long de la 5ᵉ rangée, en allant de droite à gauche.

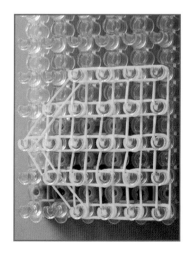

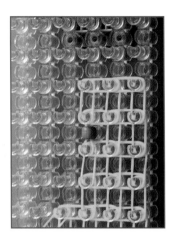

11.   Attache un élastique aux trois 1ers picots de droite de la 5e rangée et relie-les au picot du dessus. Sur la rangée supérieure, pose une ligne de deux élastiques, en allant du picot le plus à droite vers la gauche. Répète ce motif trois fois de plus pour finir le devant de ta pochette. Glisse une perle dans le dernier élastique diagonal entre les rangées 7 et 8 avant de le poser sur le métier : ce bouton te permettra de fermer ton bracelet-pochette.

12. Plie un capuchon en deux sur le picot du dernier élastique posé (3e picot de la 9e rangée en partant de la droite).

13. Retourne tes métiers, flèches orientées vers toi. En partant du picot au capuchon, rabats tes élastiques sur eux-mêmes. Continue à rabattre la rangée de droite à gauche, puis passe à la rangée suivante. Rabats les quatre premières rangées de la sorte. Pour les quatre rangées suivantes, commence par rabattre le picot central (le 3e en partant de la gauche, dans la même colonne où tu as commencé à rabattre chaque rangée précédente). Avance du centre vers les bords extérieurs de la rangée avant de

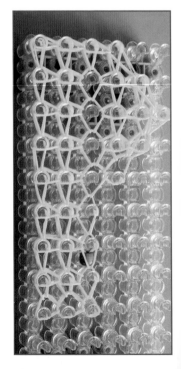

passer à la suivante. Sur la dernière rangée du métier, commence
à rabattre du picot le plus à droite et continue vers la gauche.

14. Attache les dernières boucles non tissées avec un clip-C.
    Enlève le projet du métier.

15. Utilise un clip-C pour attacher le devant de la pochette
    à l'arrière, puis un autre pour fermer le bas de la pochette.

16. Utilise plusieurs clips-C pour attacher ton bracelet-pochette
    à ton bracelet préféré.

EXTRATERRESTRE
FLUORESCENT

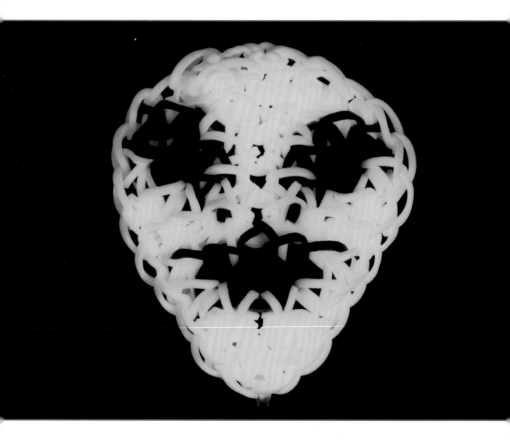

Essaie ce projet fantastique en élastiques ! Cet extraterrestre effrayant est déjà un super projet à lui seul, mais regarde ce qui se passe quand tu éteins la lumière ! Sa tête lumineuse sera parfaite pour ta chambre avec les étoiles fluorescentes de ce livre. Tu pourras aussi t'en servir pour l'Halloween. Tout ce qui brille dans le noir doit d'abord absorber de la lumière : alors, n'oublie pas de placer le projet dans un bain de lumière avant de le faire briller dans le noir.

Niveau de difficulté : Moyen

Tu auras besoin de :

3 métiers • 1 crochet • 1 clip-C •
95 élastiques fluorescents blancs •
34 élastiques noirs

1. Aligne bien trois métiers côte à côte, flèches orientées vers le haut.

2. Commence à dessiner ton extraterrestre : pars du 1ᵉʳ picot central et pose le côté gauche de la forme en sens horaire, comme indiqué. Repars ensuite du 1ᵉʳ picot central et pose le côté droit, en sens antihoraire.

3. Commence à remplir la tête. Attache un élastique au 1ᵉʳ picot central et relie-le au picot du dessus.

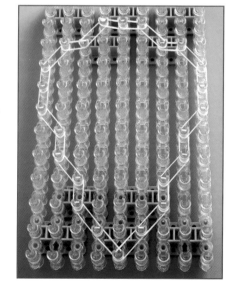

4. À la rangée suivante, pose une ligne horizontale d'élastiques, de l'extérieur vers le milieu de la forme. Répète l'opération jusqu'à la 6ᵉ rangée : pose des élastiques verticaux sur chaque picot à l'intérieur de la forme ; puis, à la rangée suivante, pose une ligne horizontale d'élastiques tout le long de la tête, de l'extérieur vers le milieu de la rangée. Prends des élastiques noirs pour la bouche, comme indiqué.

5. Pose des élastiques verticaux pour relier la 6ᵉ à la 7ᵉ rangée. Pose ta ligne horizontale le long de la 7ᵉ rangée, en prenant des élastiques noirs pour les yeux. En posant les élastiques verticaux de la 7ᵉ à la 8ᵉ rangée, place deux élastiques noirs supplémentaires en diagonale des deux côtés (3ᵉ picot en partant de l'extérieur) et relie-les au picot suivant vers le haut et l'extérieur, pour les yeux.

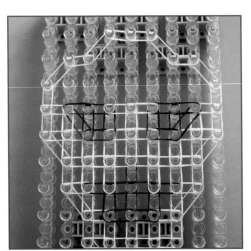

6. Pose ta ligne horizontale le long de la 8ᵉ rangée, en allant de l'extérieur vers le milieu. Utilise des élastiques noirs pour les yeux, comme indiqué.

7. Pose tes élastiques verticaux de la 8ᵉ à la 9ᵉ rangée. Ajoute quatre élastiques noirs supplémentaires en diagonale pour les yeux : relie les picots de chaque côté du picot

central au picot du haut vers l'extérieur. Relie les 3es picots en partant du centre aux picots du haut vers l'extérieur afin de continuer la diagonale.

8. À la rangée suivante (la 9e), pose une ligne horizontale d'élastiques, en allant de l'extérieur vers le centre. Utilise des élastiques noirs pour les yeux.

9. Pose des élastiques diagonaux entre la 9e et la 10e rangée, des picots extérieurs vers le milieu.

10. Pose une ligne de quatre élastiques le long de la 10e rangée, des picots extérieurs vers le milieu.

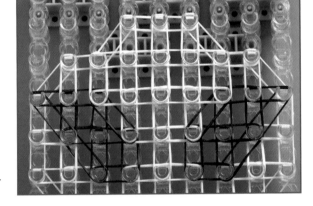

11. Pose des élastiques diagonaux pour relier la 10e à la 11e rangée.

12. Plie un capuchon en deux sur le picot central de la rangée supérieure de ta forme.

13. En partant du picot au capuchon, saisis le 1er élastique en dessous du capuchon à l'aide du crochet et décroche-le du picot, en le rabattant sur lui-même. Rabats d'abord le picot central de la rangée, puis le reste de la rangée,

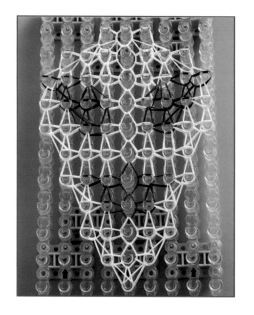

du milieu vers l'extérieur (dans le sens inverse de l'ordre de placement de tes élastiques). Fais pareil pour la rangée inférieure suivante, de l'intérieur vers l'extérieur.

14. Attache les élastiques du dernier picot avec un clip-C. Enlève ton projet du métier avec soin.

15. Pour ajouter les narines, coupe un élastique avec des ciseaux et fais-le passer au milieu de la forme à l'aide du crochet. Noue l'élastique au dos de la forme et recommence pour l'autre narine.

BÂTON
DE HOCKEY

Envoie la rondelle avec ce mini bâton de hockey. En réunissant assez de bâtons, tu pourras former une équipe tout entière. Tu peux même changer les couleurs pour les assortir au maillot de ton équipe préférée. Tu peux faire plusieurs rondelles en pompons en suivant les instructions du Bracelet à pompons et les séparer ou n'en créer qu'une seule. Dans ce projet, tu devras couper du fil de modelage, qui peut être coupant, alors demande l'aide d'un adulte avant de le faire.

Niveau de difficulté : Moyen

Tu auras besoin de :

1 métier • 1 crochet • 1 clip-C • environ 15 cm [6 po] de fil de modelage de 1,02 mm de diamètre • petites pinces • 73 élastiques bleus • 40 élastiques noirs

1. Aligne bien ton métier, flèche orientée vers le haut.

2. Relie un élastique du 1ᵉʳ picot central au picot du dessus. Fais pareil pour le 1ᵉʳ picot de gauche. Relie un élastique du 1ᵉʳ picot de la 2ᵉ rangée au picot de gauche.

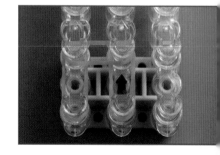

3. Répète l'opération sur le métier : pose deux élastiques verticaux côte à côte, puis un élastique le long des colonnes dans la rangée suivante.

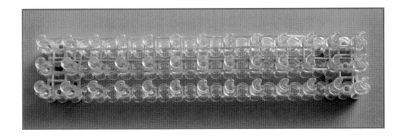

4. Plie un capuchon en trois sur le dernier picot central.

5. Pose ton fil de modelage entre les deux colonnes que tu as posées. Plie le bout du fil pour que le bord coupant ne dépasse pas.

6. En partant du picot au capuchon, rabats tes élastiques sur eux-mêmes, en passant par-dessus le fil. Pars du picot central et rabats chaque picot de la rangée, avant de passer à la rangée inférieure suivante.

7. Utilise un clip-C ou ton crochet pour attacher les boucles non tissées des deux derniers picots. Retire les élastiques du métier avec soin et mets-les de côté.

8. Répète les étapes 1 à 3, en reproduisant le modèle à deux colonnes. Prends le fil et les élastiques mis de côté et glisse les boucles non tissées sur les deux derniers picots du métier, avec le fil qui passe entre les colonnes comme avant.

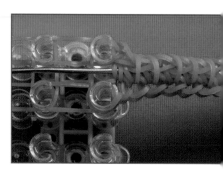

9. Rabats tes élastiques par-dessus le fil, en partant du picot central de la dernière rangée jusqu'à atteindre l'autre bout du métier. Attache les dernières boucles avec un clip-C ou le crochet et mets le projet de côté.

10. Aligne bien ton métier de nouveau, flèche orientée vers le haut.

11. En partant du picot en bas à gauche, pose une ligne de deux élastiques le long de la rangée, de gauche à droite.

12. Pose un élastique vertical reliant chaque picot de la 1re rangée au picot supérieur.

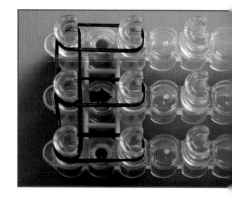

13. Répète l'étape 12 jusqu'au bout du métier, en finissant par la ligne horizontale le long de la 9e rangée.

14. Prends le projet mis de côté et glisse-le sur les deux derniers picots de la colonne tout à gauche. Plie le fil afin qu'il soit entre la colonne du centre et de gauche.

15. En partant du picot le plus
    à gauche de la 9ᵉ rangée,
    rabats tes élastiques sur
    eux-mêmes. En rabattant
    les élastiques entre
    les colonnes du centre
    et de gauche, fais-les passer
    par-dessus le fil.
    Avance de gauche
    à droite pour
    chaque rangée,
    avant de passer à la
    rangée inférieure,
    jusqu'à ce que tu
    aies rabattu tous
    les élastiques.

16. Attache les élastiques non tissés du dernier picot avec un clip-C.
    Retire les élastiques du métier avec soin. Coupe le fil et rentre
    les bords coupants.

BRACELET
ENVELOPPANT

Le bracelet enveloppant est un élégant arc-en-ciel. En ajoutant un fil souple à une maille simple, ton bracelet en élastiques deviendra ta signature ! Utilise un arc-en-ciel de couleurs comme sur la photo ou choisis tes propres couleurs ! Pour ce projet, tu devras couper du fil de modelage, alors demande la permission ou l'aide d'un adulte avant de commencer. Comme sur les photos, tu peux créer ce projet avec un seul métier à tisser; si tu en as deux chez toi, assemble-les pour faire un long métier. Cela te permettra de finir le projet plus vite.

Niveau de difficulté : **Facile**

Tu auras besoin de :

1 métier • 1 crochet • un fil de modelage souple de la longueur de deux métiers (env. 60 cm [24 po]) • pinces • 50 élastiques de couleurs variées

1. Place ton métier, colonne centrale décalée d'un picot vers toi et flèche orientée vers le haut.

2. Sur les colonnes du centre et de gauche, forme un motif en zigzag en alternant les couleurs : attache un élastique au 1er picot central et relie-le au 1er picot de gauche. Attache un élastique de la même couleur de ce picot au 2e picot central, en formant un V. Continue sur tout le métier, en formant un zigzag

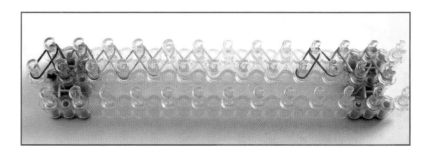

aux couleurs de l'arc-en-ciel : commence par des nuances de rouge, puis d'orange, de jaune, de vert, de bleu et finis par du violet.

3. Plie un capuchon en deux sur le dernier picot.

4. Pose le fil de modelage sur les élastiques entre les colonnes du centre et de gauche. Vérifie que le haut du fil est plié pour que les élastiques ne sautent pas et que tu ne te pinces pas. Si le fil est très solide, utilise des pinces pour en plier les bouts. Ne le coupe pas : il est plus long que le métier exprès.

5. En partant du picot au capuchon et en reculant, rabats les élastiques sur eux-mêmes, en faisant attention à ce que le fil reste en place.

6. Attache un clip-C au bout du projet, retire-le du métier et mets-le de côté.

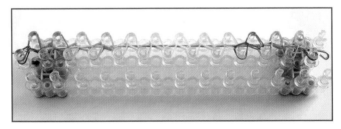

7. Répète les étapes 1 à 2 pour faire la 2ᵉ moitié de ton bracelet.

8. Prends la 1ʳᵉ moitié du bracelet qui contient déjà le fil et enlève le clip-C, en faisant attention à ce que le bracelet ne se défasse

pas. Attache le bout où le fil dépasse au tout dernier picot central. Le fil doit être au-dessus des nouveaux élastiques et entre les colonnes du centre et de gauche.

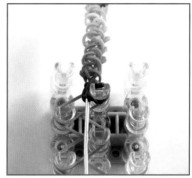

9. La boucle de la 1re moitié du bracelet te servira de capuchon. En partant de l'endroit où les bracelets sont reliés, rabats les élastiques sur eux-mêmes, jusqu'à ce que tu atteignes l'autre bout du métier.

10. Attache un clip-C pour maintenir les dernières boucles non tissées.

11. Plie le fil vers l'intérieur pour que les élastiques ne glissent pas et qu'il n'y ait pas de bord coupant.

12. En prenant ton bras pour guide, plie le projet pour qu'il prenne la forme d'un bracelet. Si tu veux qu'il ressemble à celui de la photo, forme de grands cercles et étire-le vers l'extérieur.

Si tu veux qu'il ressemble plus à un bracelet-manchette, forme des cercles plus serrés qui sont plus proches les uns des autres.

yeux injectés de sang

Ce projet d'yeux est effrayant et qui plus est, dégoûtant ! Que tu t'en serves pour écœurer tous tes amis ou pour les porter sur tes yeux, ces yeux bleus sont doublement amusants ! Teste-les avec la couleur de tes yeux ou invente une nouvelle couleur, comme de l'orange ou de l'arc-en-ciel. Ces yeux n'amélioreront sans doute pas ta vue, mais ils seront une superbe pièce à ajouter à ta collection de projets en élastiques !

Niveau de difficulté : Moyen

Tu auras besoin de :

3 métiers • 1 crochet • 2 clips-C • environ 89 élastiques fluorescents blancs • 11 élastiques rouges • 16 élastiques bleus (ou d'une autre couleur) • 4 élastiques noirs

1. Aligne bien trois métiers côte à côte, flèches orientées vers le haut.

2. Dessine un trapèze pour commencer le globe oculaire. Attache un élastique blanc au picot central de la 1re rangée et relie-le au picot de droite. Attache un autre élastique à chacun de ces picots et relie-les au picot supérieur vers l'extérieur. Attache

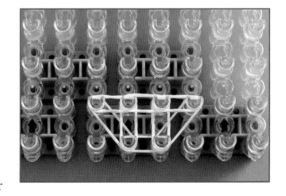

un autre élastique à chacun d'entre eux et relie-les au picot du dessus. Pose une ligne de trois élastiques horizontaux le long de la 2e rangée, en partant du picot de gauche où tu as fini ta diagonale et en allant de gauche à droite.

3. Continue à agrandir ta forme de la même façon. Attache des
   élastiques aux picots extérieurs de la ligne de la 2e rangée
   et relie-les aux picots supérieurs vers l'extérieur. Pose des
   élastiques verticaux pour relier les quatre picots de la 2e rangée
   aux picots du dessus. Pour ajouter les élastiques rouges, attache
   d'autres élastiques diagonaux par-dessus tes élastiques verticaux
   blancs avant de poser ta ligne horizontale sur la rangée suivante.
   Suis l'exemple ou pose tes élastiques rouges au hasard.

4. À la 4e rangée, prends un élastique bleu (ou autre) pour l'élastique
   horizontal du milieu. Pose tes élastiques de gauche à droite.
   En posant les élastiques verticaux de la 4e à la 5e rangée, pose
   les élastiques blancs sur les trois picots extérieurs de chaque côté,
   puis utilise les élastiques bleus pour les élastiques verticaux du
   milieu. Pose un autre élastique bleu à chacun des picots centraux
   et relie-les au picot supérieur vers l'extérieur.

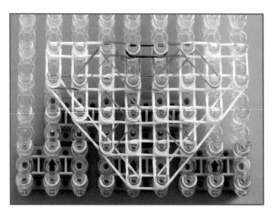

5. Pose une ligne
horizontale sur la 5e
rangée, de gauche à droite.
Prends les élastiques bleus
pour l'iris et un élastique
noir pour la pupille.
Ajoute d'autres élastiques
rouges à côté de l'iris.

6. Termine l'iris et la
pupille, en suivant le
même modèle qu'avant, en posant des élastiques verticaux,
puis une ligne horizontale sur la rangée, de gauche à droite. En
posant les élastiques verticaux de la 6e à la 7e rangée, pose les
élastiques blancs sur les trois picots extérieurs de chaque côté,
puis les élastiques bleus en diagonale vers le haut et le centre.
Pose les deux élastiques bleus verticaux en dernier. Pose ta ligne

horizontale sur la 7ᵉ rangée, en changeant de couleur
si nécessaire. Ajoute d'autres élastiques rouges près de l'iris.

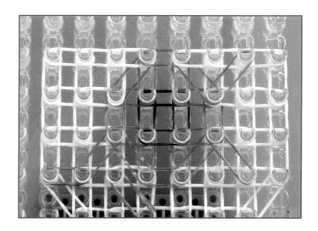

7. Continue ton œil, en posant des élastiques diagonaux, puis une
    ligne d'élastiques horizontaux. Utilise des élastiques diagonaux
    sur les picots
    extérieurs de
    la forme pour
    rétrécir les rangées
    au fur et à mesure
    que tu montes,
    comme tu les
    avais agrandies au
    début du projet,
    jusqu'à ce que tu
    atteignes la 10ᵉ
    rangée.

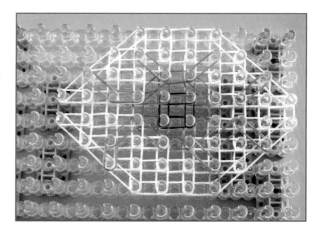

8. Plie un capuchon en deux
    autour des deux picots
    centraux de la 10ᵉ rangée.

9. En partant des picots au capuchon, rabats tes élastiques sur eux-mêmes. Avance de gauche à droite, puis descends à la rangée suivante, jusqu'à ce que tu atteignes le bout du métier.

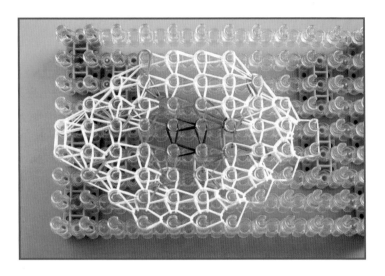

10. Attache les boucles non tissées restantes sur le métier avec un clip-C et retire l'œil du métier.

11. Répète l'opération pour faire plus d'yeux.

FANTÔME
FLUORESCENT

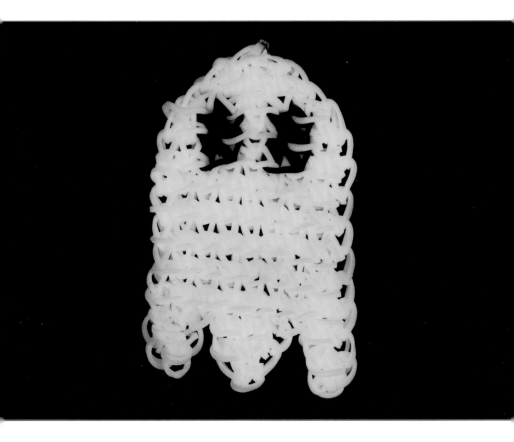

Fais briller tes compétences de tisseur avec ce superbe fantôme de l'obscurité ! Il est assez simple à faire et peut être utilisé de nombreuses façons. Noue-le à une ficelle et accroche-le au plafond pour qu'il ait l'air d'être suspendu dans les airs en pleine nuit ou colle-le à un aimant et mets-le sur ton frigo pour le voir briller quand tu iras chercher à boire à minuit ! Tout ce qui brille dans le noir doit d'abord absorber de la lumière : alors, n'oublie pas de placer le projet dans un bain de lumière avant qu'il puisse briller dans le noir.

Niveau de difficulté : **Facile**

Tu auras besoin de :

3 métiers • 1 crochet • 1 clip-C • 171 élastiques fluorescents blancs • 8 élastiques noirs

1. Aligne bien trois métiers côte à côte, flèches orientées vers le haut.

2. Dessine un trapèze, en utilisant les élastiques blancs. Pose une ligne horizontale de deux élastiques sur la 1re rangée du métier central, en allant de gauche à droite. Puis, attache un élastique à chacun des picots extérieurs du métier central et relie-les au picot du dessus vers l'extérieur. Pose une ligne horizontale de quatre élastiques sur la 2e rangée, en partant du picot de gauche marquant la fin de ta diagonale et en allant de gauche à droite pour compléter le trapèze.

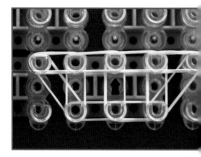

3. À partir de là, tu vas agrandir ton trapèze. Attache un élastique aux picots sur les bords extérieurs de la 2ᵉ rangée du trapèze et relie-les diagonalement au picot du dessus vers l'extérieur.

4. Attache un élastique aux picots de la 2ᵉ rangée de ta forme et relie-les aux picots du dessus de la 3ᵉ rangée.

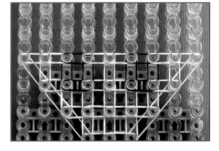

5. Pose une ligne horizontale de six élastiques sur la 3ᵉ rangée, de gauche à droite, en partant du picot de gauche où tu as posé l'élastique diagonal.
Prends du noir pour le 2ᵉ et 5ᵉ élastique pour faire les yeux.

6. Agrandis une fois de plus ton trapèze. En partant du picot sur le coin gauche de ton trapèze, attache un élastique diagonalement jusqu'à la rangée supérieure et vers la gauche. Fais pareil pour le côté droit, en allant vers la droite.

7. En partant de la 3ᵉ rangée du trapèze, relie un élastique verticalement au picot juste au-dessus. Prends des élastiques noirs pour les yeux aux 2ᵉ, 3ᵉ, 5ᵉ et 6ᵉ picots du trapèze.

8. Sur la rangée suivante, pose neuf élastiques verticaux fluorescents.

9. À partir de ces picots, pose huit élastiques horizontaux d'un picot à l'autre, en allant de gauche à droite.

10. Répète les étapes 8 et 9 jusqu'à ce que tu atteignes la 10ᵉ rangée.

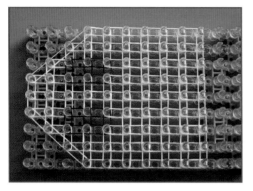

11. Pour faire le bas du fantôme, attache des élastiques verticaux aux picots de la 10ᵉ rangée et relie-les à la 11ᵉ rangée : attache des élastiques aux trois picots centraux et aux deux picots extérieurs de chaque côté, mais pas au 3ᵉ picot en partant du centre de chaque côté.

12. À partir des deux picots sautés, attache des élastiques diagonalement au picot supérieur de gauche et supérieur de droite de la 11ᵉ rangée.

13. Pose des élastiques horizontaux sur la 11ᵉ rangée, de gauche à droite, en sautant le 3ᵉ picot à partir du centre de chaque côté.

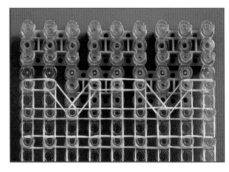

14. Attache des élastiques verticaux aux trois picots centraux et aux deux picots extérieurs de chaque côté de la 11ᵉ rangée et relie-les aux picots du dessus de la 12ᵉ rangée. N'attache pas d'élastiques verticaux au 3ᵉ picot à partir du centre de chaque côté.

15. Pose des élastiques horizontaux sur la 12ᵉ rangée, de gauche à droite, en sautant le 3ᵉ picot à partir du centre de chaque côté.

16. Attache un élastique vertical aux picots extérieurs de la 12ᵉ rangée et relie-les au picot du dessus, aux coins supérieurs du métier. Relie chacun des picots des coins supérieurs

au picot du dessous et vers le centre pour faire un triangle. Pose un élastique sur le picot central de la 12ᵉ rangée et relie-le au picot du dessus. Attache un élastique aux deux picots de chaque côté du picot central de la 12ᵉ rangée et relie-les au picot supérieur du milieu pour faire un triangle.

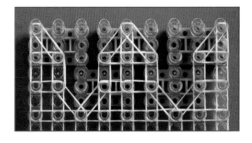

17. Pose un capuchon au bout de chaque triangle.

18. Retourne le métier, flèche orientée vers toi. Rabats chaque capuchon jusqu'à la 4ᵉ rangée en partant de la fin, en allant de gauche à droite pour chaque partie.

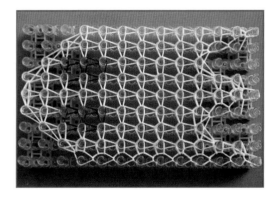

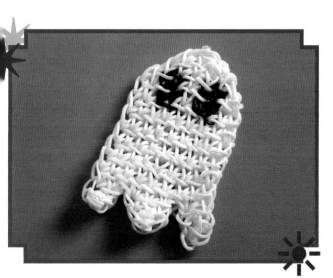

19. Pour le reste du fantôme, rabats tous les élastiques sur eux-mêmes, en allant de gauche à droite.

20. Enlève le fantôme du métier et attache un clip-C.

CHAUVE-SOURIS NOIRE

Fais la connaissance du Dracula en élastiques ! Cette superbe chauve-souris noire est plus vraie que nature, avec ses yeux jaunes effrayants et ses ailes qui battent. Elle ne se fera pas en un seul morceau : tu devras créer les ailes et le corps séparément avant de les attacher. Une fois finie, tu pourras la suspendre à ton plafond ou l'utiliser comme accessoire qui donne la chair de poule !

Niveau de difficulté : **Difficile**

Tu auras besoin de :

2 métiers • 1 crochet • 6-8 clips-C •
environ 340 élastiques noirs •
2 élastiques jaunes

Pour le corps :

1. Aligne bien deux métiers côte à côte, flèches orientées vers le haut.

2. Dessine un trapèze pour commencer la base du corps. Pose un élastique horizontalement sur les deux colonnes centrales (celles qui relient les deux métiers). Relie le picot central de gauche au picot supérieur de gauche. Relie le picot central de droite au picot supérieur de droite. Relie ces deux élastiques en posant trois élastiques horizontaux sur la 2ᵉ rangée.

3. Attache des élastiques verticaux pour relier chacun des quatre picots de la 2ᵉ rangée aux picots du dessus. Relie le picot le plus à gauche au picot supérieur de gauche. Puis, attache un autre élastique au picot le plus à gauche et relie-le au picot du dessus. Continue à poser des élastiques verticaux, de gauche à droite.

Pose un 2ᵉ élastique sur le picot le plus à droite et relie-le au picot supérieur de droite.

4. Sur la 3ᵉ rangée, pose des élastiques horizontaux de gauche à droite pour former le trapèze.

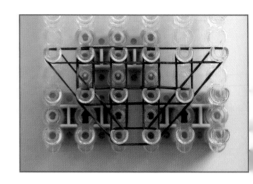

5. Répète ce motif sur les quatre rangées suivantes : relie des élastiques verticaux d'une rangée à l'autre, puis pose une ligne horizontale sur la rangée, de gauche à droite. Continue jusqu'à la 7ᵉ rangée.

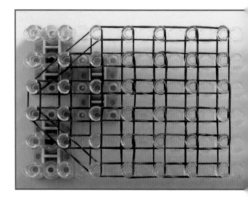

6. Pour le picot le plus à gauche de la 7ᵉ rangée, attache un élastique diagonalement jusqu'au picot supérieur de droite. Pose des élastiques verticaux partant des quatre picots suivants de la rangée, de gauche à droite, puis relie le dernier picot au picot supérieur de gauche. Passe à la rangée suivante et pose une ligne d'élastiques sur les picots

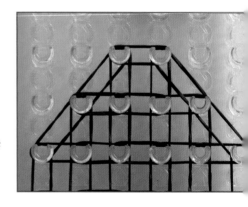

que tu viens de relier. Recommence pour la rangée suivante.

7. Dessine un cercle au-dessus du trapèze pour faire la tête. Sur le picot central de gauche de la 9ᵉ rangée (où tu as fini le corps), attache un élastique et relie-le au picot supérieur de gauche. Attache un autre élastique et relie-le au picot du dessus. Attache un élastique au picot central de droite de la 9ᵉ rangée. Relie-le au picot du dessus. Attache un autre élastique et relie-le au picot supérieur de droite.

8. Pose une ligne horizontale de trois élastiques le long de ces picots, de gauche à droite. Attache un élastique à chacun des quatre picots de ta dernière ligne horizontale et relie-les aux picots du dessus. Pose ensuite trois élastiques horizontaux le long de ces picots. À partir de là, pose un élastique diagonal reliant le picot le plus à gauche du motif au picot supérieur de droite. Attache un élastique du picot central de gauche au picot du dessus. Attache un élastique du picot central de droite au picot du dessus. Relie le picot le plus à droite du motif au picot supérieur de gauche. Relie les deux picots centraux avec un élastique horizontal.

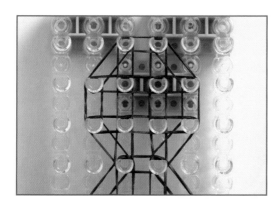

9. De chaque côté de la tête, attache un élastique allant de l'avant avant-dernière rangée à l'avant-dernière rangée, parallèlement à l'endroit où finit la tête. En allant de gauche à droite, attache

un élastique du picot
le plus à gauche de la
forme au picot central
de gauche, puis relie
le picot central de
droite à celui le plus à
droite. Pour les oreilles,
forme deux triangles
à angle droit. Attache

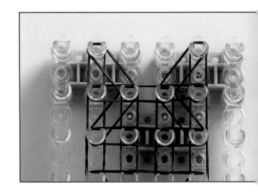

un élastique de l'avant-dernier picot le plus à gauche au picot
du dessus, puis relie diagonalement le picot central de gauche
au picot supérieur de gauche pour finir l'oreille gauche. Pour
l'oreille droite, relie diagonalement le picot central de droite au
picot supérieur de droite. Relie le picot le plus à droite à celui
du dessus pour finir l'oreille droite.

10. Plie un capuchon en
deux pour chaque pointe
d'oreille, sur les deux
derniers picots.

11. Retourne ton métier,
flèche orientée vers toi.
À l'aide du crochet,
commence à rabattre
les élastiques sur eux-
mêmes, en suivant le sens
inverse de leur ordre de
placement. Pars de l'oreille
droite désormais sur ta
gauche, et rabats l'élastique
en dessous du capuchon
sur lui-même. Répète
l'opération pour l'autre

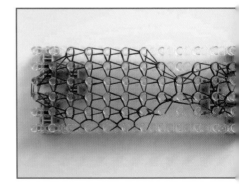

oreille et rabats ensuite le reste de la chauve-souris, de gauche à droite.

12. Attache un clip-C en bas du corps et retire le projet du métier avec soin.

13. En prenant deux élastiques jaunes, tisse des yeux dans la tête de l'animal, à l'aide du crochet. Attache-les en utilisant des clips-C ou en les nouant au dos de la tête.

Pour les ailes :

1. Avec tes métiers toujours côte à côte et flèches orientées vers le haut, pose quatre élastiques horizontaux allant du picot le plus à gauche à l'avant-dernier picot de la 1re rangée. En allant de gauche à droite, pose cinq élastiques verticaux des picots de la 1re rangée aux picots du dessus. Répète l'opération jusqu'à la 3e rangée. Sur la 3e rangée, pose tes élastiques comme pour les deux 1res rangées, puis ajoute un triangle. Pour faire ça, relie un élastique diagonal, un élastique horizontal et un autre élastique diagonal au picot de la colonne tout à droite.

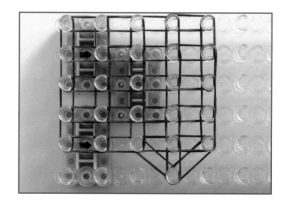

2. Répète ce motif sur le métier, en t'arrêtant à mi-chemin de ton 3e triangle sur la 10e rangée.

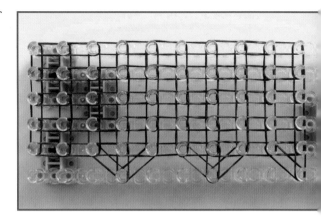

3. À la 10e rangée, attache un élastique diagonal de la colonne tout à gauche au picot supérieur de droite. Pose des élastiques verticaux sur les quatre picots suivants de la 10e rangée et relie-les à la rangée du dessus. Relie le dernier picot diagonalement au picot supérieur de gauche pour finir le dernier triangle.

4. En partant de la 1re colonne de gauche, attache un élastique diagonal au picot supérieur de droite. Pose deux autres élastiques verticaux dans cette rangée jusqu'aux picots du dessus.

5. Pose deux élastiques horizontaux sur l'avant-dernière rangée.

6. Relie le picot extérieur de l'avant-dernière rangée au picot supérieur de droite, au bout du métier. Pose des élastiques verticaux pour les deux colonnes restantes.

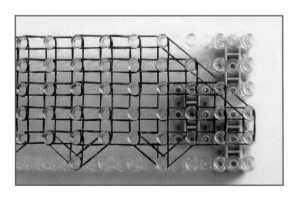

7. Termine l'aile
en reliant horizontalement
les deux picots centraux
de la dernière rangée.
Plie un capuchon en deux
sur l'un des picots de cette
rangée.

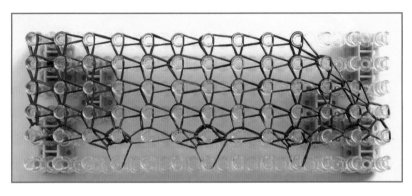

8. Retourne le métier, pointe orientée vers toi. En partant
du capuchon, rabats les élastiques sur eux-mêmes, en suivant
le sens inverse de leur ordre de placement.

9. Mets un clip-C et retire le projet du métier avec soin.

10. Répète ces étapes pour faire la 2e aile.

11. Pour attacher
les ailes au corps,
glisse deux à
trois élastiques
noirs à travers
chaque côté
du corps, puis
à l'intérieur
de chaque aile.
Attache-les avec
des clips-C.

BRACELET
SERPENTIN

Ce sssssuper bracelet élégant ressemble à un serpent enroulé autour de ton poignet! Tel un serpent qui rampe aux couleurs rouge, noir et jaune, ce magnifique bracelet évoque le tristement célèbre serpent corail ! Entortille un tissage de base à la façon d'un serpent pour obtenir un superbe élastique reptilien!

Niveau de difficulté : **Difficile**

Tu auras besoin de :

2 métiers • 1 crochet • 1 clip-C • 102 élastiques (couleurs des photos : 38 jaunes, 32 rouges et 32 noirs)

1. Aligne bien deux métiers côte à côte, flèches orientées vers le haut.

2. Relie les deux picots centraux de la 1re rangée avec un autre élastique jaune.

3. Pose une ligne d'élastiques jaunes le long des deux colonnes centrales pour créer la bande principale de ton bracelet.

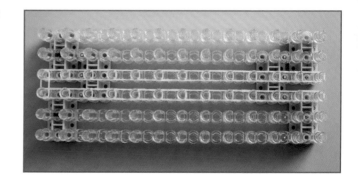

4. Relie les deux picots centraux de la 2e rangée avec un élastique jaune.

5. Occupe-toi des boucles noires et rouges qui serpentent autour du bracelet. Attache un élastique noir aux 1er et 2e picots de la colonne centrale de droite et relie-les aux picots de droite.

6. Pose un élastique noir vertical pour relier les deux derniers picots atteints.

7. Dans la 2e colonne en partant de la droite, pose un élastique sur les 1er et 2e picots et relie-les aux picots de droite.

8. Relie les 1er et 2e picots de la colonne la plus à droite.

9. Répète ton motif carré en posant les boucles rouges et noires : attache des élastiques noirs aux deux picots tout à droite de la 2e rangée et relie-les au picot du dessus. Relie les deux derniers picots atteints avec un élastique jaune.

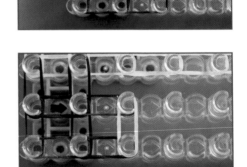

10. Pose deux élastiques verticaux rouges à partir des picots du dernier élastique jaune. Relie les deux derniers picots atteints avec un élastique horizontal rouge.

11. Pose deux élastiques verticaux à partir des picots du dernier élastique rouge. Relie les deux derniers picots atteints avec un élastique horizontal rouge.

12. Sur la 4e et 5e rangée, attache un élastique rouge au 2e picot en partant de la droite et relie-le au picot de gauche, en retournant sur la bande principale du bracelet.

13. Relie les deux picots centraux de la 4e et 5e rangée avec des élastiques jaunes.

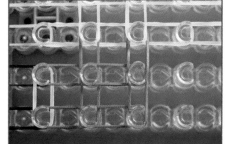

14. Continue à poser tes boucles de serpent comme indiqué, en posant deux élastiques parallèles, puis en les reliant avec un élastique allant dans l'autre sens. Pour chaque boucle de serpent, pose tes élastiques en t'éloignant de la bande centrale, puis en allant vers le bout du métier et finis la boucle en revenant vers la bande centrale. En croisant la bande centrale, pose des élastiques jaunes le long des deux picots centraux de la rangée, comme pour les étapes 4 et 13.

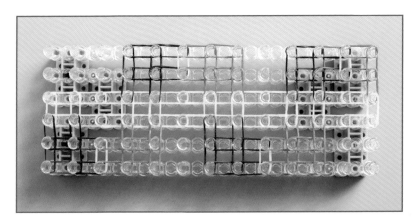

15. Plie un capuchon en trois sur le dernier picot du motif, le picot central de droite au bout du métier.

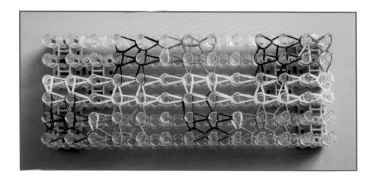

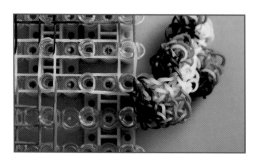

16. Retourne le métier, flèche orientée vers toi. Depuis le capuchon, décroche le 1er élastique du picot sous la triple boucle avec le crochet, en le rabattant sur lui-même. Rabats toujours le 1er élastique en haut du picot d'abord, jusqu'à ce que tu aies rabattu tous les élastiques du picot. Continue à rabattre le reste des élastiques de cette façon, en suivant les boucles de serpent dans le sens inverse de leur ordre de placement.

17. Attache les derniers élastiques non tissés avec un clip-C. Pour un bracelet plus long, attache les derniers élastiques non tissés avec un clip-C ou le crochet et mets-les de côté. Redessine le motif sur le métier et superpose les boucles non tissées mises de côté sur le dernier picot du motif, celui où tu avais posé ton capuchon.

SERRE-TÊTE
FANTAISIE

Prépare-toi pour cet amusant serre-tête fantaisie! Ce superbe serre-tête est parfait pour faire la fête ou rendre un déguisement encore plus drôle! La plupart des choses dont tu auras besoin pour ce projet sont des objets que tu as sans doute chez toi, comme un serre-tête ou des fils chenille (fils cure-pipe). Ici, nous avons utilisé un serre-tête en plastique, mais ceux en tissu conviennent aussi. Pour ce projet, tu auras besoin de deux métiers. Alors, si tu n'en as qu'un chez toi, fais équipe avec une amie!

Niveau de difficulté : Moyen

Tu auras besoin de :

2 métiers • 1 crochet • 2 clips-C • 2 longueurs de fil de modelage de 1,02 mm de diamètre (de 15 à 20 cm [6 à 8 po] chacun) • 4 fils chenille (fils cure-pipe) • 42 perles • 1 serre-tête • pinces • 48 élastiques bleus • 12 élastiques roses • 50 élastiques dorés • environ 200 élastiques dorés pour le serre-tête (en fonction de l'espace que tu souhaites entre chaque élastique)

Pour faire les antennes :

1. Aligne bien deux métiers côte à côte, flèches orientées vers le haut.

2. Pose une ligne d'élastiques dorés sur la 2e rangée du métier, en allant de droite à gauche.

3. Attache un élastique rose sur un picot de la 1re rangée et relie-le verticalement au picot du dessus. Répète l'opération pour toute la 1re rangée.

4. Attache des élastiques verticaux bleus pour relier les picots
    de la 2ᵉ rangée à ceux de la 3ᵉ. Glisse quelques-uns de
    ces élastiques dans des perles. (Sur la photo, un élastique
    sur deux, mais tu peux aussi le faire au hasard.)

5. Pose quatre autres rangées horizontales dorées et trois autres
    rangées verticales bleues avec des perles comme avant.
    La dernière rangée
    dorée sera sans perles.

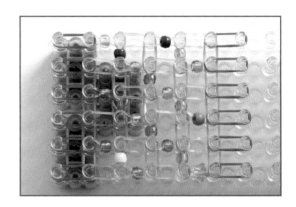

6. Sur la dernière
    rangée dorée, relie
    verticalement les picots
    de toute la rangée aux
    picots du dessus avec
    des élastiques roses.

7. Plie un capuchon en
    deux sur l'avant-dernier
    picot de la 1ʳᵉ rangée
    de gauche.

8. Retourne le métier,
    flèche orientée vers toi.

9. Rabats les élastiques sur
    eux-mêmes, en suivant
    le sens inverse de leur
    ordre de placement.
    Ne rabats aucun
    des élastiques roses.

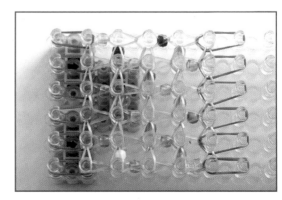

10. Attache un clip-C pour maintenir le projet. Retire-le du métier et mets-le de côté.

11. Répète ces étapes pour la 2ᵉ antenne.

Pour le serre-tête :

1. Crée une chaîne simple en maille queue de poisson avec tous tes élastiques dorés. En utilisant juste les élastiques et tes doigts, glisse un élastique dans un autre élastique et noue-le sur lui-même. Cela maintiendra le début de ta maille.

2. Écrase l'élastique non tissé de tes doigts pour qu'il forme une demi-lune.

3. Passe ton élastique suivant dans la demi-lune.

4. Écrase cet élastique pour former une autre demi-lune. Passe un autre élastique pour répéter l'opération jusqu'à obtenir une très longue chaîne faisant plusieurs fois la taille du serre-tête. Si tu utilises un serre-tête en plastique, divise ta chaîne en deux chaînes de chaque côté pour glisser les élastiques plus facilement sur ton serre-tête (ça peut prendre du temps).

5. Glisse chaque boucle de la chaîne autour du serre-tête dans l'ordre. Pour un look soigné et tressé comme sur la photo, veille bien à ce que la partie de l'élastique au-dessus du serre-tête soit celle qui a le nœud 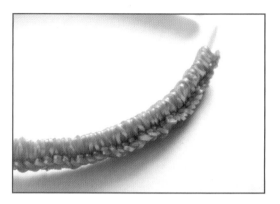 de l'élastique suivant. Si tu veux un look plus en zigzag, ça n'a pas d'importance.

6. Si ton serre-tête a beaucoup de dents, glisser les élastiques tout autour du serre-tête pourra prendre du temps; vas-y doucement.

7. Noue les extrémités de la chaîne afin qu'elle ne se défasse pas.

Relier les antennes au serre-tête :

1. Pour cette étape, tu auras besoin de fil de modelage, qui peut parfois piquer ou pincer. Demande la permission à un adulte pour l'utiliser ou de l'aide. Coupe deux longueurs de fil, de 15 à 20 cm (6 à 8 po) chacune.

2. Glisse chaque longueur de fil dans un fil chenille (fil cure-pipe). Laisse environ 5 cm (2 po) de fil dépasser de chaque côté.

3. Fais passer un bout du fil à travers l'antenne. Glisse une perle au-dessus du fil en laissant environ 2,5 cm (1 po). Plie le fil autour de la perle et enfonce-le de nouveau dans l'antenne.

Cette perle servira de capuchon pour empêcher au bout du fil de sortir. Fais pareil pour l'autre antenne.

4. Enroule l'autre bout de chaque fil autour du serre-tête, en les espaçant de façon régulière. Si le fil dépasse beaucoup, utilise des pinces pour le rapprocher de la tige de l'antenne.

5. Place un autre fil chenille (fil cure-pipe) à l'endroit où tu as enroulé le fil sur le serre-tête. Ça rendra le fil moins dur et l'empêchera de te piquer. Fais pareil pour l'autre antenne.

6. Tu es fin prête !

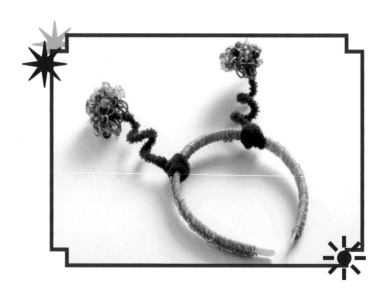